提升公路桥梁安全防护能力专项行动技术指南

主编单位：交通运输部公路科学研究院

人民交通出版社股份有限公司
China Communications Press Co.,Ltd.

图书在版编目(CIP)数据

提升公路桥梁安全防护能力专项行动技术指南 / 交通运输部公路科学研究院主编. — 北京：人民交通出版社股份有限公司, 2019.4
ISBN 978-7-114-15442-3

Ⅰ.①提… Ⅱ.①交… Ⅲ.①公路桥—安全防护—指南 Ⅳ.①U448.147-62

中国版本图书馆 CIP 数据核字(2019)第 058103 号

Tisheng Gonglu Qiaoliang Anquan Fanghu Nengli Zhuanxiang Xingdong Jishu Zhinan

书　　名：	提升公路桥梁安全防护能力专项行动技术指南
著 作 者：	交通运输部公路科学研究院
责任编辑：	吴有铭　　黎小东
责任校对：	刘　芹
责任印制：	张　凯
出版发行：	人民交通出版社股份有限公司
地　　址：	(100011)北京市朝阳区安定门外外馆斜街 3 号
网　　址：	http://www.ccpress.com.cn
销售电话：	(010)59757973
总 经 销：	人民交通出版社股份有限公司发行部
经　　销：	各地新华书店
印　　刷：	北京市密东印刷有限公司
开　　本：	880×1230　1/16
印　　张：	5.5
字　　数：	92 千
版　　次：	2019 年 4 月　第 1 版
印　　次：	2023 年 5 月　第 2 次印刷
书　　号：	ISBN 978-7-114-15442-3
定　　价：	50.00 元

(有印刷、装订质量问题的图书，由本公司负责调换)

交通运输部办公厅关于发布《提升公路桥梁安全防护能力专项行动技术指南》和《提升公路连续长陡下坡路段安全通行能力专项行动技术指南》的通知

交办公路〔2019〕44号

各省、自治区、直辖市、新疆生产建设兵团交通运输厅(局、委)：

为有效开展提升公路桥梁安全防护能力和公路连续长陡下坡路段安全通行能力专项行动，保障实施效果，经交通运输部同意，现将《提升公路桥梁安全防护能力专项行动技术指南》和《提升公路连续长陡下坡路段安全通行能力专项行动技术指南》予以发布。各单位要注意结合实际，加强研究，提炼经验，积极与指南编制单位进行互动交流，发现问题及时反馈。指南编制单位要注意收集指南使用情况，加强技术指导。

部公路局联系电话：010-65292746。

《提升公路桥梁安全防护能力专项行动技术指南》编制单位：部公路科学研究院，电话：010-82051994、82059974(传真)，邮箱：yong.li@rioh.cn。

《提升公路连续长陡下坡路段安全通行能力专项行动技术指南》编制单位：部公路科学研究院，电话：010-82019640、62370567(传真)，邮箱：jm.wu@rioh.cn；中交第一公路勘察设计研究院有限公司，电话：029-88390348、029-88390348(传真)，邮箱：843532171@qq.com。

附件：1. 提升公路桥梁安全防护能力专项行动技术指南
2. 提升公路连续长陡下坡路段安全通行能力专项行动技术指南

交通运输部办公厅
2019年4月11日

前 言

公路桥梁，是公路的重要组成部分。截至2017年底，我国在役公路桥梁总数已达83万余座，由于建设年代不同，建设水平和标准不同，桥梁桥面系安全防护设施的设置种类和形式多样，防护能力各异。随着经济社会不断发展，车辆载客量增加、载重量增大，速度提高，社会公众对公路桥梁行车安全防护能力提出了更高的要求。为进一步提高公路桥梁安全防护保障能力，交通运输部立足于行业职责，根据"交通强国"建设相关要求，从系统安全角度出发，决定在全国开展提升公路桥梁安全防护能力专项行动。

公路桥梁桥面系安全防护设施改造，是一项系统工程，因桥、因地各不相同，桥梁类型不同，改造、维修的方式也不相同。因此，为落实专项行动方案要求，指导专项行动的实施，交通运输部公路局组织编制了《提升公路桥梁安全防护能力专项行动技术指南》(以下简称《指南》)。《指南》依据相关标准规范，在对我国在役公路桥梁安全防护设施实际状况进行现场调研和统计分析的基础上，吸收和借鉴了国内外相关研究成果，总结了相关工程经验，提出了在役公路桥梁安全防护设施总体要求、基础资料收集、排查评估方法、分类处治措施和提升设计、工程施工与验收以及在役桥梁安全防护能力提升方案示例等。

各地各相关部门可根据当地实际情况使用，并将使用过程中发现的问题或建议反馈至交通运输部公路局(地址：北京市建国门内大街11号，邮编：100736，电话：010-65292746)或交通运输部公路科学研究院(地址：北京市海淀区西土城路8号，邮编：100088，电话：010-82051994)，以便进一步修改和完善。

主编单位：交通运输部公路科学研究院

参编单位：北京中交华安科技有限公司

贵州省公路局

中交第一公路勘察设计研究院有限公司

北京深华达交通工程检测有限公司

编写人员：刘会学 李 勇 张宏松 卜倩淼 于海霞 王成虎

丁昭平　杨曼绢　张铁军　方　华　刘洪启　张绍理
钟连德　万娇娜　刘兴旺　贾　宁　李长城　米晓艺
张　舒　娄　峰　文　涛　韩　晖　李　军　张小旺
周志伟　王　珂

目　　录

1 总则 ··· 1
　1.1 目的 ·· 1
　1.2 适用范围 ·· 1
　1.3 实施目标 ·· 1
　1.4 实施原则 ·· 1
　1.5 实施步骤 ·· 1
　1.6 相关标准 ·· 1

2 资料收集与现场调查 ··· 3

3 排查评估与分类标准 ··· 5
　3.1 一般规定 ·· 5
　3.2 排查评估 ·· 5
　3.3 分类标准 ·· 8

4 方案与设计 ·· 10
　4.1 一般规定 ·· 10
　4.2 提升方案设计原则 ·· 10
　4.3 未设置护栏的桥梁防护能力提升设计 ···························· 11
　4.4 已设置护栏的桥梁防护能力提升设计 ···························· 14
　4.5 人行道(自行车道)栏杆与护栏设计 ······························ 19
　4.6 护栏基础设计 ·· 19
　4.7 护栏过渡段及端部设计 ·· 21

5 工程施工与验收 ··· 23
　5.1 工程施工 ··· 23
　5.2 工程验收 ··· 23

附录A 在役公路桥梁基础资料格式 ································· 25

附录B 公路桥梁护栏和桥面板承载能力验算示例 ·················· 30

附录 C 新增安全防护设施设计示例 ………………………………………… 61

附录 D 在役桥梁安全防护能力提升方案示例 ……………………………… 71

附 提升公路桥梁安全防护和连续长陡下坡路段安全通行能力专项行动方案 ……… 76

1 总则

1.1 目的

为指导"提升公路桥梁安全防护能力专项行动"的开展，制定本指南。

1.2 适用范围

本指南适用于在役高速公路、普通国省干线、县道和乡道桥梁。

1.3 实施目标

完善在役公路桥梁安全防护设施，提升公路桥梁通行防护能力，实现"预防为主、降低风险、防范有效"的目标。

1.4 实施原则

按照"系统评估、因桥制宜、经济适用、分类施策"的原则，结合桥梁交通事故数据统计资料和实际交通运行条件，采取针对性的工程技术措施，并提出交通管理相关建议。

1.5 实施步骤

提升公路桥梁安全防护能力专项行动实施步骤可分为：基础资料收集；排查评估与分类；提升方案与设计；工程施工；工程验收。

1.6 相关标准

1.6.1 提升位于连续长陡下坡路段及邻接隧道的公路桥梁安全防护能力时，除应符合本指南的要求外，尚应结合《提升公路连续长陡下坡路段安全通行能力专项行动技术指南》及《公路隧道提质升级行动技术指南》的相关要求执行。

1.6.2 具有历史和文物价值的桥梁安全防护设施的排查评估和提升方案设计，除应符合本指南的规定外，尚应符合国家有关文物保护的规定。

2 资料收集与现场调查

2.0.1 为顺利完成本专项行动，应收集与调查在役公路桥梁的基础信息资料、既有安全防护设施资料、交通事故数据统计资料和交通运行条件资料等，并根据需要征求公路运营养护和管理部门，以及公安交通管理部门的意见和建议。需要收集与调查的基础资料格式如附录 A 所示。

2.0.2 特大桥宜根据防护设施的不同类型，按照主桥、引桥、辅桥分段收集相关资料；大、中、小桥宜作为整体收集相关资料。

2.0.3 桥梁基础信息资料应包括：
1 所在路线编号、名称、桩号及桥梁代码；
2 所在路线的行政等级及技术等级；
3 桥梁采用的设计标准和通车时间；
4 所属桥梁结构体系，如梁式桥、拱桥、刚架桥、缆索承重桥（即悬索桥、斜拉桥）等；
5 根据现行《公路桥梁技术状况评定标准》（JTG/T H21）确定的桥梁总体技术状况评定等级，如1类、2类、3类、4类、5类等；
6 桥梁跨越地物类型，如高速铁路、一般铁路，高速公路、普通公路，航道，城市饮用水水源保护区，江、河、湖、海、沼泽等水深1.5m以上水域，其他地物；
7 桥梁路侧建筑控制区范围内存在失控车辆有碰撞可能性的重要构筑物，如高速铁路、高速公路、高压输电线塔等；
8 设计图纸，应包括桥梁设计说明、桥型布置图（含立面、平面、横断面）、桥面板结构设计图等；
9 现场调查桥梁主体结构（含桥面板）的图像资料。

2.0.4 桥梁既有安全防护设施资料应包括：

1 桥梁护栏(含过渡段和端部)、人行道(自行车道)栏杆、视线诱导设施、路缘石、防落物网等设计图纸;
   2 桥梁护栏采用的设计标准;
   3 桥梁护栏使用时间超过现行《高速公路交通工程及沿线设施设计通用规范》(JTG D80)规定的最低使用年限时,应现场检测桥梁护栏的材料力学性能参数(包括混凝土强度和钢结构材料强度),以及钢结构材料的防腐层厚度;同一路段同一建设时期的桥梁护栏结构形式相同时,在现场踏勘的基础上宜选取破损程度最严重处检测护栏的材料力学性能参数;
   4 桥梁护栏与路基护栏过渡处理或护栏端部处理情况;
   5 现场调查安全防护设施(含过渡段和端部等)的图像资料。

2.0.5 桥梁交通事故数据统计资料应包括:
   1 近三年内与桥梁安全防护设施(含过渡段和端部)相关的事故,包括车辆坠桥事故和穿越中央分隔带护栏或隔离设施的事故等;
   2 事故等级、人员伤亡、直接经济损失和责任认定等汇总资料。

2.0.6 桥梁交通运行条件资料应包括:
   1 近三年内交通量统计数据、各类车型构成比例;同一路段的桥梁可采用同一断面的交通量、车型构成比例数据;
   2 桥梁速度管理信息,如限制速度标志所示数值等。

3 排查评估与分类标准

3.1 一般规定

3.1.1 排查评估包括交通事故严重性排查评估、桥梁路侧危险程度排查评估、运行条件适应性排查评估和标准符合性排查评估。根据在役桥梁安全防护设施设置情况，按照以下规定选用：

1 未设置护栏的桥梁，应采用交通事故严重性排查评估和桥梁路侧危险程度排查评估相结合的方式；

2 已设置护栏的桥梁，应采用交通事故严重性排查评估、运行条件适应性排查评估和标准符合性排查评估相结合的方式。

3.1.2 根据排查评估结果，将在役公路桥梁防护设施按提升优先顺序分为"Ⅲ、Ⅱ、Ⅰ"三类，可据此制订工程技术措施和提出交通管理建议。

3.2 排查评估

3.2.1 交通事故严重性排查评估

根据资料收集与现场调查阶段获取的近三年内与碰撞桥梁防护设施（含过渡段和端部）相关的交通事故数据统计资料，剔除无证驾驶、酒驾、毒驾、超速、超载等明显与公路技术状况无关的事故数据后，具有下列情形之一时，作为交通事故严重程度较高的判别条件：

1 近三年内发生3起及以上，或1起死亡3人及以上的车辆坠桥事故；

2 近三年内发生3起及以上，或1起死亡3人及以上车辆穿越中央分隔带护栏或隔离设施的事故。

3.2.2 桥梁路侧危险程度排查评估

具有下列情形之一时，作为路侧危险程度较高的判别条件：

1 跨越高速铁路、高速公路、三级及以上等级航道、城市饮用水水源一级保护区；

2 桥梁路侧建筑控制区范围内存在高速铁路、高速公路、高压输电线塔等重要构筑物，失控车辆有碰撞可能性；

3 桥梁高度大于30m。

3.2.3 运行条件适应性排查评估

具有下列情形之一时，作为大型车比例较高的判别条件：

1 高速公路、一级公路年平均日交通量（AADT）大于或等于15000辆小客车，且总质量大于或等于25t的车辆自然数所占比例大于20%；

2 二级公路年平均日交通量（AADT）大于或等于5000辆小客车，且总质量大于或等于25t的车辆自然数所占比例大于20%；

3 三级公路年平均日交通量（AADT）大于或等于2000辆小客车，且总质量超过10t的车辆自然数所占比例大于15%；

4 四级公路年平均日交通量（AADT）大于或等于400辆小客车，且总质量超过6t的车辆自然数所占比例大于15%。

3.2.4 标准符合性排查评估

1 除特殊规定外，标准符合性排查评估的依据为该桥梁建设时期所采用的设计标准。历年与桥梁安全防护设施相关的标准规范如表3.2.4所示，排查评估时，根据桥梁建设时期进行选取。

表3.2.4 历年与桥梁安全防护设施相关的标准规范一览表

分　　类	标准规范名称和编号
基础类	《公路工程技术标准》（JTJ 01—88）
	《公路工程技术标准》（JTJ 001—97）
	《公路工程技术标准》（JTG B01—2003）
	《公路工程技术标准》（JTG B01—2014）
	《高速公路护栏安全性能评价标准》（JTG/T F83—2004）
	《公路护栏安全性能评价标准》（JTG B05-01—2013）

续上表

分类		标准规范名称和编号
设计类	桥梁工程	《公路桥涵设计通用规范》(JTG D60—2004) 《公路桥涵设计通用规范》(JTG D60—2015)
	交通安全设施	《高速公路交通安全设施设计及施工技术规范》(JTJ 074—94) 《高速公路交通工程及沿线设施设计通用规范》(JTG D80—2006) 《公路交通安全设施设计规范》(JTG D81—2006) 《公路交通安全设施设计细则》(JTG/T D81—2006) 《公路交通安全设施设计规范》(JTG D81—2017) 《公路交通安全设施设计细则》(JTG/T D81—2017)

2 标准符合性排查评估包括是否设置护栏,以及护栏(含过渡段和端部)的防护等级和结构形式是否符合标准规定。

3 既有公路桥梁护栏使用时间在现行《高速公路交通工程及沿线设施设计通用规范》(JTG D80)规定的最低使用年限内,具有下列情形之一时,可认为符合建设时期设计标准:

(1)混凝土基本型(NJ型)、改进型(F型)、加强型桥梁护栏和组合式桥梁护栏的内侧与路面垂直部分的高度在0~75mm以内,且迎撞面的形式和构造尺寸符合标准的规定;

(2)金属梁柱式护栏的构造满足《公路交通安全设施设计细则》(JTG/T D81—2017)第6.3.5条第1款规定的各项要求;

(3)两波形梁钢护栏横梁中心距路面的高度与规定值相比,误差在±20mm以内,或者三波形梁钢护栏横梁中心距路面的高度与规定值相比,误差在(-50mm,+20mm)以内时;

(4)混凝土护栏或组合式护栏的迎撞面形式和构造尺寸、金属梁柱式护栏的构造形式和规格与建设时期所采用的设计标准有所不同,但通过了实车碰撞试验,满足建设时期《高速公路交通安全设施设计及施工技术规范》(JTJ 074—94)、《高速公路护栏安全性能评价标准》(JTG/T F83—2004)或《公路护栏安全性能评价标准》(JTG B05-01—2013)的规定。

4 既有公路桥梁护栏使用时间超过现行《高速公路交通工程及沿线设施设计通用规范》(JTG D80)规定的最低使用年限,具有本条第3款所列情形之一,并同时具有下列情形之一时,可认为符合建设时期设计标准:

(1)波形梁护栏和金属梁柱式护栏钢构件基底金属厚度满足建设时期设计标准,且

防腐层厚度满足现行《公路交通工程钢构件防腐技术条件》(GB/T 18226)的规定;

(2)混凝土护栏、组合式护栏和防腐层厚度不能满足现行《公路交通工程钢构件防腐技术条件》(GB/T 18226)规定的金属梁柱式护栏,根据获取的材料强度值,按照《公路交通安全设施设计细则》(JTG/T D81—2017)附录D规定的方法,能通过桥梁护栏和桥面板承载能力验算。验算示例见本指南附录B。

3.3 分类标准

3.3.1 未设置护栏的桥梁安全防护设施可分为Ⅲ类和Ⅱ类,判别标准如下:

1 具有下列情形之一时,为"Ⅲ"类:

(1)交通事故严重程度较高(即符合第3.2.1条所设定的判别条件);

(2)路侧危险程度较高(即符合第3.2.2条所设定的判别条件)。

2 不具有本条第1款情形时,为"Ⅱ"类。

3.3.2 已设置护栏的桥梁安全防护设施可分为Ⅲ类、Ⅱ类和Ⅰ类,如表3.3.2所示。判别标准如下:

表3.3.2 已设置护栏的桥梁安全防护设施分类

	交通事故严重程度是否较高	大型车比例是否较高	是否符合下列标准		桥梁安全防护设施分类
			现行标准	建设时期设计标准	
判别标准	是	/	/		Ⅲ类
	否	是	否	否	Ⅲ类
				是	Ⅱ类
			是	/	Ⅰ类
		否	/	否	Ⅱ类
				是	Ⅰ类

注:"/"表示无需排查评估。

1 具有下列情形之一时,为"Ⅲ"类:

(1)交通事故严重程度较高(即符合第3.2.1条所设定的判别条件);

(2)交通事故严重程度较低(即不符合第3.2.1条所设定的判别条件),大型车比例较高(即符合第3.2.3条所设定的判别条件),且护栏的现状既不符合现行设计标准,也不符合建设时期设计标准(即分别以现行标准和建设时期所采用的设计标准为依据,均不符合第3.2.4条所设定的判别条件)。

2 具有下列情形之一时，为"Ⅱ"类：

（1）交通事故严重程度较低（即不符合第3.2.1条所设定的判别条件），大型车比例较高（即符合第3.2.3条所设定的判别条件），护栏的现状不符合现行设计标准，但符合建设时期设计标准（即以现行标准为依据，不符合第3.2.4条所设定的判别条件；但以建设时期设计标准为依据，符合第3.2.4条所设定的判别条件）；

（2）交通事故严重程度较低（即不符合第3.2.1条所设定的判别条件），大型车比例较低（即不符合第3.2.3条所设定的判别条件），但护栏的现状不符合建设时期设计标准（即以建设时期设计标准为依据，不符合第3.2.4条所设定的判别条件）。

3 具有下列情形之一时，为"Ⅰ"类：

（1）交通事故严重程度较低（即不符合第3.2.1条所设定的判别条件），大型车比例较高（即符合第3.2.3条所设定的判别条件），但护栏的现状符合现行设计标准（即以现行标准为依据，符合第3.2.4条所设定的判别条件）；

（2）交通事故严重程度较低（即不符合第3.2.1条所设定的判别条件），大型车比例较低（即不符合第3.2.3条所设定的判别条件），但护栏的现状符合建设时期设计标准（即以建设时期设计标准为依据，符合第3.2.4条所设定的判别条件）。

4 方案与设计

4.1 一般规定

4.1.1 "Ⅲ"类桥梁安全防护设施,应根据专项行动的相关要求,按照现行标准的规定优先进行安全防护能力提升;"Ⅱ"类桥梁安全防护设施,宜结合干线公路改造和公路改扩建工程等,按现行设计标准的规定逐步提升;"Ⅰ"类桥梁安全防护设施,宜加强日常养护和管理,使其保持建设时期的设计标准要求。

4.1.2 本专项行动仅针对根据现行《公路桥梁技术状况评定标准》(JTG/T H21)总体技术状况评定等级为1、2类的桥梁,按照本指南进行安全防护能力提升;3类桥梁的安全防护能力提升设计方案应经过充分论证,在确保不损伤桥梁主体结构的情况下方可进行改造;4、5类桥梁的防护设施应结合桥梁主体结构加固工程同步完善。

4.1.3 人行道(自行车道)栏杆、视线诱导设施、路缘石、防落物网等其他安全防护设施宜根据现行《公路交通安全设施设计规范》(JTG D81)和《公路交通安全设施设计细则》(JTG/T D81)的规定,结合桥梁护栏的改造同步提升。

4.1.4 在对桥梁主体结构的技术状况进行充分评估和论证的基础上,对于客观上无法提升或者提升难度过大的桥梁,可联合公路运输管理部门,告知公安交通管理部门,科学调整客运班线或采取限速、限载等综合交通管控措施,加强对桥梁上车辆运行状况的监控,保障车辆通行安全。

4.2 提升方案设计原则

4.2.1 提升方案的设计应与桥梁主体结构的安全性、美观性统筹考虑,避免因增设或提升安全防护设施的防护等级损坏桥梁主体结构,或影响桥梁的美观效果。

4.2.2 应坚持经济节约的原则，通过优化设计，充分利用既有安全防护设施，尽量降低工程造价。

4.2.3 应加强桥梁与相邻路基段或隧道衔接处安全防护设施的过渡设计。

4.3 未设置护栏的桥梁防护能力提升设计

4.3.1 设计流程

未设置护栏的在役桥梁增设护栏时，可按下列步骤进行设计，流程如图 4.3.1 所示。附录 C 提供了新增安全防护设施设计示例。

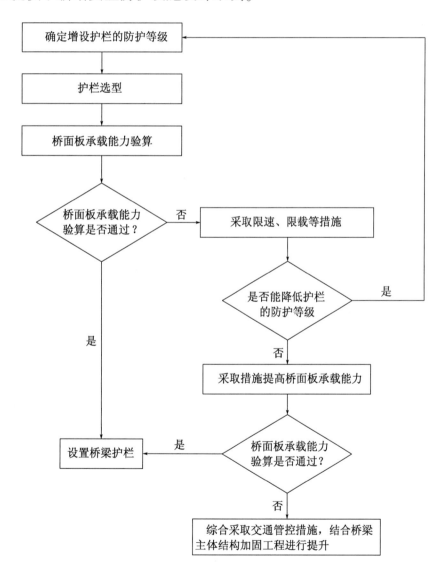

图 4.3.1 未设置护栏的桥梁增设护栏设计流程

1 根据排查评估结果与现行《公路交通安全设施设计规范》(JTG D81)和《公路交通安全设施设计细则》(JTG/T D81)的相关要求，确定增设护栏的防护等级。

2 结合桥梁结构体系、桥面板、人行道(自行车道)纵梁和板等结构进行护栏的选型设计。

3 针对增大的护栏恒载和碰撞荷载对桥面板的承载能力进行验算。验算通过时，设置桥梁护栏。

4 按照上述步骤确定的防护等级无法设置护栏或者设置难度过大时，可根据实际交通运行条件，采取限速、限载等措施，降低护栏的设计防护等级。

5 经过逐次降低护栏防护等级和选择护栏形式，桥面板承载能力仍不足时，应采取措施提高桥面板承载能力并进行验算。验算通过时，设置桥梁护栏；验算未通过时，应综合采取交通管控措施，结合桥梁主体结构加固工程提升桥梁防护能力。

4.3.2 金属梁柱式护栏设计

1 金属梁柱式护栏构造应满足《公路交通安全设施设计细则》(JTG/T D81—2017)第6.3.5条第1款的各项要求。

2 附录C.1给出了三级(A级)～五级(SA级)金属梁柱式护栏的一般构造示例，供设计人员参考使用。

3 当设计中采用其他防护等级以及结构形式的金属梁柱式护栏时，设计的金属梁柱式护栏应根据现行《公路护栏安全性能评价标准》(JTG B05-01)的规定，采用实车足尺碰撞试验进行安全性能评价，或按照《公路交通安全设施设计细则》(JTG/T D81—2017)附录D规定的方法对护栏进行校核。

4.3.3 混凝土护栏和组合式护栏设计

1 桥梁混凝土护栏迎撞面的坡面形式包括F型、单坡型，如图4.3.3a)和b)所示，组合式护栏的混凝土部分宜采用F型，如图4.3.3c)所示。未经试验验证，不得随意改变护栏迎撞面的坡面形状，但其背面可根据实际情况采用合适的形状。护栏防护等级要求较高的路段，可根据需要在护栏顶部设置阻爬坎，如图4.3.3d)所示。

2 各防护等级混凝土护栏的高度不应小于表4.3.3-1的规定值，混凝土护栏高度的基线为迎撞面内侧与桥面的相交线。F型混凝土护栏和带阻爬坎的F型混凝土护栏构造尺寸如表4.3.3-2所示，单坡型混凝土护栏构造尺寸如表4.3.3-3所示。各防护等级组合式护栏的高度可在表4.3.3-2规定的高度基础上增加10cm。

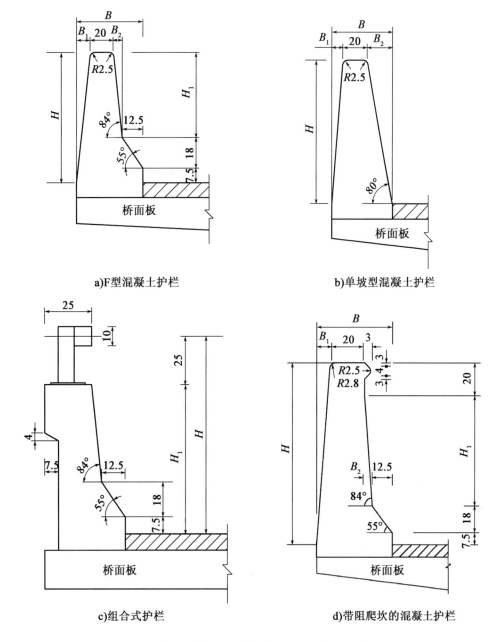

图 4.3.3 混凝土护栏和组合式护栏外形尺寸(尺寸单位:cm)

表 4.3.3-1 混凝土护栏高度

防护等级	二(B)	三(A)	四(SB)	五(SA)	六(SS)	七(HB)	八(HA)
高度(cm)	70	81	90	100	110	120	130

表 4.3.3-2 F型混凝土护栏构造要求(单位:cm)

防护等级	代码	H	H_1	B	B_1	B_2
三	A	81	55.5(35.5)	46.4(44.3)	8.1	5.8(3.7)
四	SB	90	64.5(44.5)	48.3(46.2)	9	6.8(4.7)

续上表

防护等级	代码	H	H_1	B	B_1	B_2
五	SA	100	74.5(54.5)	50.3(48.2)	10	7.8(5.7)
六	SS	110	84.5(64.5)	52.5(50.3)	11	8.9(6.8)
七	HB	120	94.5(74.5)	54.5(52.3)	12	9.9(7.8)
八	HA	130	104.5(84.5)	56.5(54.5)	13	10.9(8.9)

注：括号内数据适用于带阻爬坎的 F 型混凝土护栏。

表 4.3.3-3 单坡型混凝土护栏构造要求（单位：cm）

防护等级	代码	H	B	B_1	B_2
三	A	81	42.1	8.1	14.0
四	SB	90	44.5	9	15.5
五	SA	100	47.2	10	17.2
六	SS	110	49.9	11	18.9
七	HB	120	52.6	12	20.6
八	HA	130	55.5	13	22.5

3 桥梁混凝土护栏的配筋可根据《公路交通安全设施设计细则》（JTG/T D81—2017）附录 D 规定的方法计算，护栏迎撞面混凝土的钢筋保护层厚度不得小于 4.5cm。

4.4 已设置护栏的桥梁防护能力提升设计

4.4.1 金属梁柱式护栏防护能力提升设计

已设置金属梁柱式护栏的桥梁，可按下列步骤进行提升设计，流程如图 4.4.1 所示。

1 根据排查评估结果与现行《公路交通安全设施设计规范》（JTG D81）和《公路交通安全设施设计细则》（JTG/T D81）的相关要求，确定提升护栏的防护等级。

2 对既有金属梁柱式护栏进行提升改造设计，并针对增大的护栏恒载和碰撞荷载对桥面板的承载能力进行验算。验算通过时，设置金属梁柱式护栏。

3 按照上述步骤确定的防护等级无法提升或者提升难度过大时，可根据实际交通运行条件，采取限速、限载等措施，降低护栏的设计防护等级。

4 经过逐次降低护栏防护等级和选择护栏形式，桥面板承载能力仍不足时，应采取措施提高桥面板承载能力并进行验算。验算通过时，设置金属梁柱式护栏；验算未通过时，应综合采取交通管控措施，结合桥梁主体结构加固工程提升桥梁防护能力。

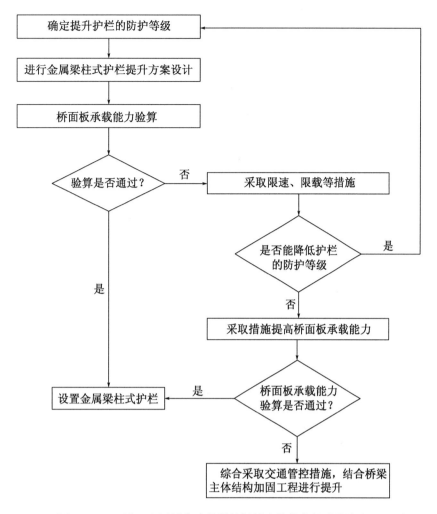

图 4.4.1 已设置金属梁柱式护栏的桥梁防护能力提升设计流程

4.4.2 混凝土和组合式桥梁护栏防护能力提升设计

1 已设置混凝土护栏和组合式护栏的桥梁,可按下列步骤进行提升设计,流程如图 4.4.2 所示。

(1)根据排查评估结果与现行《公路交通安全设施设计规范》(JTG D81)和《公路交通安全设施设计细则》(JTG/T D81)的相关要求,确定提升护栏的防护等级。

(2)可在混凝土护栏顶部,或拆除组合式护栏上部金属构件后的混凝土基础顶部,植筋浇筑混凝土增加护栏的整体高度,并针对增大的护栏恒载和碰撞荷载对桥面板的承载能力进行验算。验算通过时,加高混凝土护栏,设计方案示例参见附录 D.1.1 和 D.1.2。

(3)加高既有混凝土护栏后,桥面板承载能力不足时,可在混凝土顶部增设金属梁柱构件,并依据增大的护栏恒载和碰撞荷载验算桥面板承载能力。验算通过时,设置组合式护栏,设计方案示例参见附录 D.1.3 和 D.1.4。

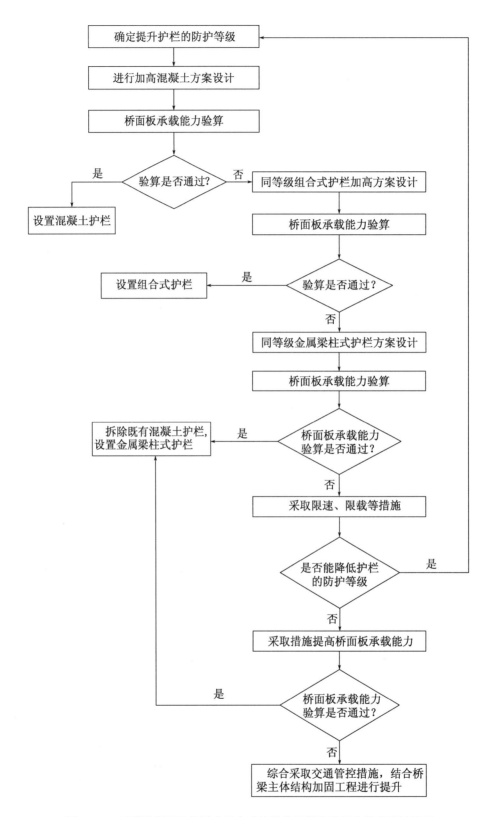

图 4.4.2　已设置混凝土护栏或组合式护栏的桥梁防护能力提升设计流程

（4）设计组合式护栏后，桥面板承载能力不足时，可拆除既有混凝土护栏结构，设计金属梁柱式护栏，并依据碰撞荷载验算桥面板承载能力。验算通过时，设置金属梁柱式护栏。

（5）按照上述步骤确定的防护等级无法提升或者提升难度过大时，可根据实际交通运行条件，采取限速、限载等措施，降低护栏的设计防护等级。

（6）经过逐次降低护栏防护等级和选择护栏形式，桥面板承载能力仍不足时，应采取措施提高桥面板承载能力并进行验算。验算通过时，设置金属梁柱式护栏；验算未通过时，应综合采取交通管控措施，结合桥梁主体结构加固工程提升桥梁防护能力。

2 结合既有混凝土护栏或组合式护栏的结构形式、破损程度和桥面加铺情况，可拆除既有护栏，增设满足防护等级要求的其他形式护栏，也可利用既有护栏构件提升改造，具体提升方案包括：

（1）单坡型混凝土护栏钢筋保护层厚度满足现行《混凝土结构设计规范》（GB 50010）的规定，桥面板承载能力满足要求时，可在护栏顶面植筋浇筑混凝土，增加护栏高度。既有护栏高度不低于81cm时，新浇筑混凝土可采用直墙型，植筋及新浇混凝土的配筋应满足相应防护等级桥梁混凝土护栏的配筋要求。

（2）除单坡型以外其他坡面形式的混凝土护栏，桥面板承载能力满足要求时，宜在原混凝土结构基础上进行提升改造。实施时，首先将现有混凝土护栏凿毛并露出钢筋，按照混凝土护栏的坡面尺寸及配筋要求，采用焊接、植筋等方式补充配筋，支模浇筑混凝土，提升至满足现行设计规范要求。

（3）满足建设时期设计标准的任意坡面形式混凝土护栏，桥面板承载能力不满足加高混凝土护栏要求时，宜在现有混凝土顶部植入化学锚栓增加金属梁柱构件，形成组合式护栏；采用上述组合形式后，桥面板承载能力不满足要求时，可降低现有混凝土底座的高度重新设计组合式护栏；完全拆除现有混凝土底座设计金属梁柱式护栏后，桥面板承载能力仍不满足要求时，可在桥面现浇层增设加强钢筋提高桥面板承载能力。

（4）采用与上述不同的护栏安全性能提升方案，应根据《公路交通安全设施设计细则》（JTG/T D81—2017）附录D规定的方法或《公路护栏安全性能评价标准》（JTG B05-01—2013）进行安全性能评价。

4.4.3 波形梁护栏防护能力提升设计

已设置波形梁护栏的桥梁，可按下列步骤进行提升设计，流程如图4.4.3所示。

1 根据排查评估结果与现行《公路交通安全设施设计规范》（JTG D81）和《公路交通安全设施设计细则》（JTG/T D81）的相关要求，确定提升护栏的防护等级。

2 进行既有波形梁护栏再利用提升改造方案设计（设计方案示例参见附录D.2），并评价方案的安全性能。评价通过时，利用既有波形梁护栏构件进行提升改造。

3 提升改造方案未通过安全性能评价时,可拆除既有波形梁护栏,设计同等级其他形式护栏,并验算桥面板承载能力。验算通过时,设置其他形式桥梁护栏。

4 按照上述步骤确定的防护等级无法提升或者提升难度过大时,可根据实际交通运行条件,采取限速、限载等措施,降低护栏的设计防护等级。

5 经过逐次降低护栏防护等级和选择护栏形式,桥面板承载能力仍不足时,应采取措施提高桥面板承载能力并进行验算。验算通过时,设置其他形式桥梁护栏;验算未通过时,应综合采取交通管控措施,结合桥梁主体结构加固工程提升桥梁防护能力。

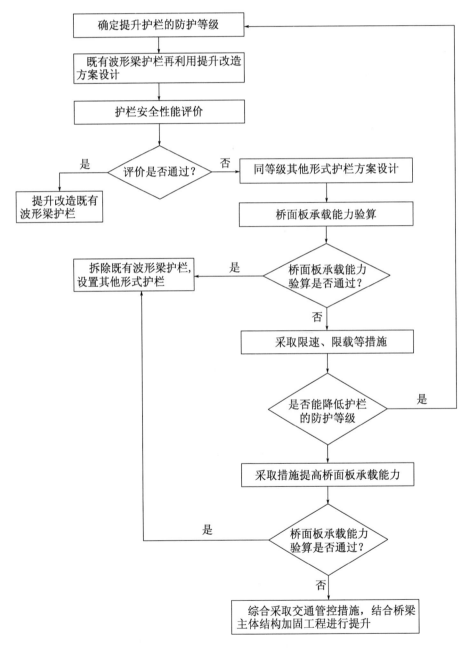

图 4.4.3　已设置波形梁护栏的桥梁防护能力提升设计流程

4.5 人行道(自行车道)栏杆与护栏设计

4.5.1 人行道(自行车道)栏杆应根据现行《公路交通安全设施设计规范》(JTG D81)和《公路交通安全设施设计细则》(JTG/T D81)设计。附录 C.2 提供了人行道栏杆和桥梁混凝土护栏的组合设置以及人行道栏杆和金属梁柱式护栏的组合设置的一般构造示例,供设计参考。

4.5.2 在役桥梁设置人行道(自行车道)时,按下列要求增设护栏和栏杆:

1 设计速度大于60km/h 的公路桥梁,人行道(自行车道)与车行道之间应设置桥梁护栏保护行人,路侧采用栏杆,如图 4.5.2a)所示。

2 设计速度小于或等于60km/h 的公路桥梁,可采用路缘石将人行道(自行车道)和车行道分离,路缘石与人行道可合并设置,路侧设置满足车辆防护和行人(自行车)通行需求的组合护栏,如图 4.5.2b)所示。路基路缘石与桥梁路缘石高度不一致时,应在其高差的 20 倍及以上的距离内进行过渡。

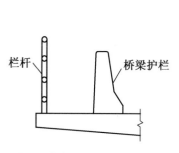 

a)设计速度大于60km/h的公路桥梁　　b)设计速度小于或等于60km/h的公路桥梁

图 4.5.2　带有人行道的桥梁护栏和栏杆设置示意图

3 设置悬挑式人行道(自行车道)的公路桥梁,无法满足设计桥梁护栏的宽度要求时,可外移人行道,下方设置托梁或斜撑,纵梁处设置护栏,人行道外侧设置栏杆。设计方案示例参见附录 C.3.1。

4 设置非悬挑式人行道(自行车道)的公路桥梁,无法满足设计桥梁护栏的宽度要求时,可拆除人行道栏杆,在既有人行道纵梁上设置护栏基础,将桥侧栏杆改造成满足车辆防护和行人通行安全需求的组合护栏。设计方案示例参见附录 C.3.2。

4.6 护栏基础设计

4.6.1 桥梁护栏汽车横向碰撞荷载标准值应符合表 4.6.1 的规定。护栏设计时,应根据相应防护等级的碰撞荷载进行护栏与桥面板连接处以及桥面板的承载能力验算。承载能力验算方法可参照《公路交通安全设施设计细则》（JTG/T D81—2017）附录 D 的规定。

表 4.6.1　桥梁护栏的汽车横向碰撞荷载标准值

防护等级	代码	标准值(kN)		纵向分布长度
		$Z=0$m	$Z=0.3\sim0.6$m	(m)
二	B	95	75~60	1.2
三	A	170	140~120	1.2
四	SB	350	285~240	2.4
五	SA	410	345~295	2.4
六	SS	520	435~375	2.4
七	HB	650	550~500	2.4
八	HA	720	620~550	2.4

注：Z 是指桥梁护栏的容许变形量。

4.6.2 桥面板厚度能够满足化学植筋锚固长度要求时，宜采用化学植筋方式实现护栏与桥面板的连接，如图 4.6.2 所示。桥面板厚度不能满足化学植筋锚固长度要求时，可采用锚栓连接的方式。植筋和锚栓的锚固计算及构造可参照《公路桥梁加固设计规范》（JTG/T J22—2008）附录 A 和附录 B 的规定。设计图纸中应明确给出化学植筋和植入化学锚栓的下列要求：

1　钢筋和锚栓的钢材型号、规格和性能等级；

2　钢筋和锚栓的设计长度，包括化学植筋的植入深度；

3　化学植筋和化学锚栓的抗拔力要求；

4　胶黏剂的胶体性能和黏结能力等性能要求，应采用 A 级胶，并经过湿热老化检验合格，同时黏结剂应具备证明能够达到相应性能指标要求的产品合格证书。

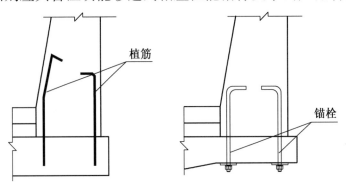

图 4.6.2　化学植筋或锚栓的连接方式

4.6.3 路缘石或人行道纵梁与桥面板之间设有竖向连接钢筋且抗弯和抗剪承载力满足护栏碰撞荷载受力要求时，护栏基础设计应充分利用路缘石和人行道纵梁。

4.6.4 护栏基础或桥面板承载能力不能满足护栏碰撞荷载受力要求时，可凿除一部分钢筋混凝土桥面现浇层，在桥面现浇层增设与护栏墙体连接的钢筋，加强钢筋与桥面现浇层钢筋采用焊接或绑扎，凿除的桥面现浇层宽度应满足加强钢筋的锚固长度要求，如图4.6.4所示。

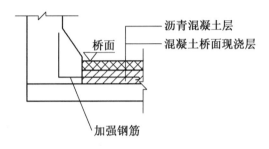

图4.6.4 桥面现浇层钢筋加强护栏基础

4.7 护栏过渡段及端部设计

4.7.1 设计速度大于60km/h的公路桥梁，相邻路基段未设置护栏时，桥梁护栏应适度外展，或在路基段增设一段护栏与桥梁护栏进行过渡，以避免车辆碰撞端部或从桥梁端部冲出路外，如图4.7.1a)所示。设计速度小于或等于60km/h的公路桥梁或不具备条件时，桥梁两侧应设置缓冲设施或视线诱导设施，如图4.7.1b)所示。

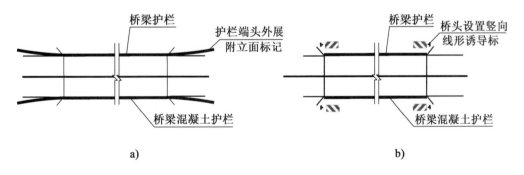

图4.7.1 桥梁护栏端部处理示例

4.7.2 设计速度大于60km/h的公路桥梁，桥梁护栏与路基护栏的结构形式不同时，应进行过渡段设计，如图4.7.2所示；设计速度小于或等于60km/h的公路桥梁，桥梁护栏与路基护栏的结构形式不同时，宜进行过渡段设计。过渡段的具体设计方法参见

《公路交通安全设施设计细则》(JTG/T D81—2017)第6.3.9条的规定。

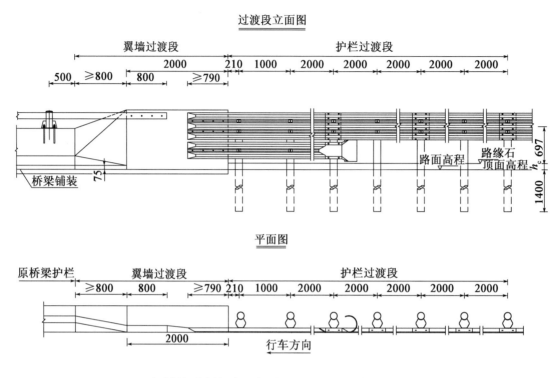

图 4.7.2 组合式桥梁护栏与路基波形梁护栏过渡段设计示例(尺寸单位：mm)

4.7.3 高速公路、一级公路及作为干线的二级公路的桥梁与隧道衔接处，桥梁护栏宜参照《公路交通安全设施设计细则》(JTG/T D81—2017)第6.2.2和6.2.3条的规定进行过渡段设计，如图4.7.3所示；作为集散的二级公路及三、四级公路的桥梁与隧道衔接处，桥梁护栏可参照《公路交通安全设施设计细则》(JTG/T D81—2017)第6.2.2条的规定进行过渡段设计。

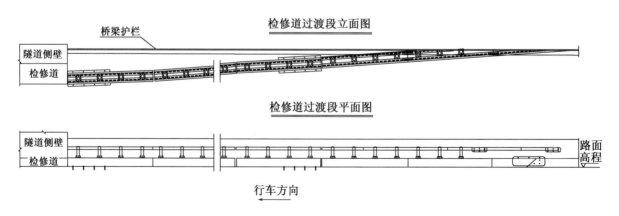

图 4.7.3 高速公路桥梁护栏与隧道衔接处过渡段设计示例

5 工程施工与验收

5.1 工程施工

5.1.1 在役桥梁安全防护能力提升工程应加强施工组织设计,合理布置施工作业区,减少工程施工造成的拥堵,保障桥梁行车和施工安全。

5.1.2 在役桥梁安全防护能力提升工程施工应参照现行《公路交通安全设施施工技术规范》(JTG F71)、《公路桥涵施工技术规范》(JTG/T F50)和《公路桥梁加固施工技术规范》(JTG/T J23)的规定执行。

5.1.3 在役桥梁安全防护能力提升工程施工应符合设计文件的规定,与桥梁主体工程相协调,严禁对桥梁主体工程造成结构性损坏。

5.1.4 在役桥梁安全防护能力提升工程施工应做好施工准备、技术交底和施工组织工作。

5.1.5 在役桥梁安全防护能力提升工程应文明施工,安全生产,严格遵守安全操作规程,加强安全生产教育,建立和健全安全生产管理制度。

5.1.6 在役桥梁安全防护能力提升工程施工应采取措施降低或减少环境污染、保护环境。

5.2 工程验收

5.2.1 验收程序可按照《公路养护工程管理办法》执行。

5.2.2 工程施工使用的钢材、混凝土以及化学锚栓、植入钢筋等主要材料，应具有相关部门出具的产品或材料性能检测报告。

5.2.3 桥梁安全防护设施采用的金属构件防腐层质量应满足现行《公路交通工程钢构件防腐技术条件》(GB/T 18226)或设计文件要求。

5.2.4 具体实测项目及检查方法、频率和允许偏差等应符合设计文件的规定。

附录 A 在役公路桥梁基础资料格式

A.0.1 桥梁基础信息资料（表 A.0.1）

表 A.0.1 桥梁基础信息资料

桥梁位置信息			所属路线信息			起讫桩号		桥梁结构体系	桥梁技术状况	跨越地物类型	路侧构筑物	桥梁长度(m)	桥梁高度(m)	桥面板翼缘厚度规格(cm)	设计标准	通车时间
桥梁名称	桥梁代码	中心桩号	路线编号	技术等级	设计速度(km/h)	起点	终点									

填表说明：

1. 桥梁结构体系：(1)梁式桥；(2)拱桥；(3)刚架桥；(4)缆索承重桥(悬索桥、斜拉桥)；(5)其他。
2. 桥梁技术状况：1 类，2 类，3 类，4 类，5 类。
3. 跨越地物类型：(1)高速铁路；(2)一般铁路；(3)高速公路；(4)普通公路；(5)航道(需填写航道等级)；(6)城市饮用水水源保护区(需填写饮用水水源保护区级别)；(7)江、河、湖、海、沼泽等水深 1.5m 以上水域；(8)其他地物。
4. 路侧重要构筑物：(1)高速铁路；(2)高速公路；(3)高压输电线线塔；(4)其他(填写具体名称)；(5)无。
5. 同一座桥梁存在主桥、引桥和辅桥，不同的结构体系或采不同形式护栏时，应根据实际情况按起讫桩号分行填写。

A.0.2 既有安全防护设施资料（表 A.0.2）

表 A.0.2 既有安全防护设施资料

桥梁位置信息			所属路线信息			起讫桩号		护栏设置位置	护栏设置状况	建设时期护栏设计标准	现行标准护栏要求等级	护栏的实际防护等级	护栏形式	护栏过渡段或端部处理情况	设计钢筋屈服强度	混凝土抗压强度	金属构件材料屈服强度	防腐层种类	防腐层厚度	人行道（自行车道）栏杆	防落物网	路缘石高度
桥梁名称	中心桩号	代码	路线编号	技术等级	设计速度(km/h)	起点	终点															

填表说明：

1. 护栏设置位置，路侧和中央分隔带护栏分行填写：(1) 路侧；(2) 中央分隔带。
2. 护栏设置状况，按是否设置护栏填写：(1) 是；(2) 否。
3. 建设时期和现行护栏设计标准：(1)《高速公路交通安全设施设计及施工技术规范》(JTJ 074—94)；(2)《公路交通安全设施设计规范》(JTG D81—2006)；(3)《公路交通安全设施设计规范》(JTG D81—2017)；(4) 无。
4. 护栏等级：(1) PL$_1$；(2) PL$_2$；(3) PL$_3$；(4) A—074；(5) S；(6) B；(7) A；(8) SB；(9) SA；(10) SS；(11) HB；(12) HA。
5. 护栏形式：(1) 混凝土护栏；(2) 波形梁护栏；(3) 金属梁柱式护栏；(4) 组合式护栏；(5) 其他。
6. 护栏过渡段或端部处理情况，排查是否符合建设时期和现行设计标准：(1) 是；(2) 否。
7. 既有公路桥梁护栏使用时间超过现行《高速公路交通工程及沿线设施设计通用规范》(JTG D80)规定的最低使用年限时，应现场采集混凝土抗压强度、金属构件材料屈服强度、钢构件防腐层种类及厚度信息，判断是否满足现行波形梁护栏参照金属梁柱式护栏使用年限参照现行设计标准的规定。
8. 人行道（自行车道）栏杆、防落物网，根据实际情况填写：(1) 是；(2) 否。
9. 同一座桥梁存在主桥和引桥，不同形式护栏时，应根据实际情况按起讫桩号分行填写。

A.0.3 交通事故数据统计资料（表 A.0.3）

表 A.0.3 交通事故数据统计资料

桥梁位置信息			所属路线信息			起讫桩号		近三年内发生的车辆坠桥事故		近三年内发生穿越中央分隔带护栏或隔离设施的事故		经济损失（万元）
桥梁名称	桥梁代码	中心桩号	路线编号	技术等级	设计速度（km/h）	起点	终点	事故总数	一次死亡3人及以上事故数	事故总数	一次死亡3人及以上事故数	

填表说明：
1. 通车不满三年的公路，以实际通车年限计。
2. 同一座桥梁存在主桥、引桥和铺桥，不同的结构体系或不同形式护栏时，应根据实际情况分段统计数据，并填写起讫桩号。

A.0.4 交通运行条件资料（表 A.0.4）

表 A.0.4 交通运行条件资料

桥梁位置信息			所属路线信息			桥梁限制速度（km/h）	年平均日交通量（辆小客车）	车辆自然数（车辆总质量 W）			
桥梁名称	桥梁代码	中心桩号	路线编号	技术等级	设计速度（km/h）			$W<6t$	$6t \leq W<10t$	$10t \leq W<25t$	$W \geq 25t$

填表说明：

1. 采用交调站（点）数据时，车辆自然数可按下列规定填写：
 (1) 小型货车、中小客车为 $W<6t$；
 (2) 中型货车为 $6t \leq W<10t$；
 (3) 大型货车、大型客车为 $10t \leq W<25t$；
 (4) 特大货车、拖挂车、集装箱车为 $W \geq 25t$。

2. 无交调站（点）数据时，年平均日交通量可按实际调查的高峰小时交通量×10 估计，车辆自然数可按下列规定填写：
 (1) 车长 6～8m 且 20～30 座的两轴客车为 $6t \leq W<10t$；
 (2) 车长超过 8m 且 30 座以上的客车为 $10t \leq W<25t$；
 (3) 双层卧铺车为 $W \geq 25t$；
 (4) 车长 6～7m 且 2 轴货车为 $6t \leq W<10t$；
 (5) 车长超过 7m 且 2 轴或 3 轴货车为 $10t \leq W<25t$；
 (6) 4 轴以上货车为 $W \geq 25t$；
 (7) 其余为 $W<6t$。

A.0.5 其他资料

1 桥梁主体结构设计图纸,至少应包括桥梁设计说明、桥型布置图(含立面、平面、横断面)、桥面板结构设计图等;

2 桥梁护栏(含过渡段和端部)、人行道(自行车道)栏杆、视线诱导设施、路缘石、防落物网等设计图纸;

3 桥梁主体结构(含桥面板)、安全防护设施(含过渡段和端部处理等)的现场图像资料。

附录 B 公路桥梁护栏和桥面板承载能力验算示例

公路桥梁护栏和桥面板承载能力验算可参照《公路交通安全设施设计细则》(JTG/T D81—2017)附录 D 规定的方法进行；当桥梁护栏构件和桥面板的承载能力大于或等于汽车碰撞荷载标准值产生的效应时，可认为护栏和桥面板的承载能力满足要求。

B.1 防护等级为 SB 的混凝土护栏

以图 B.1 所示防护等级为 SB 的护栏为例，介绍桥梁混凝土护栏和桥面板的承载能力验算方法。

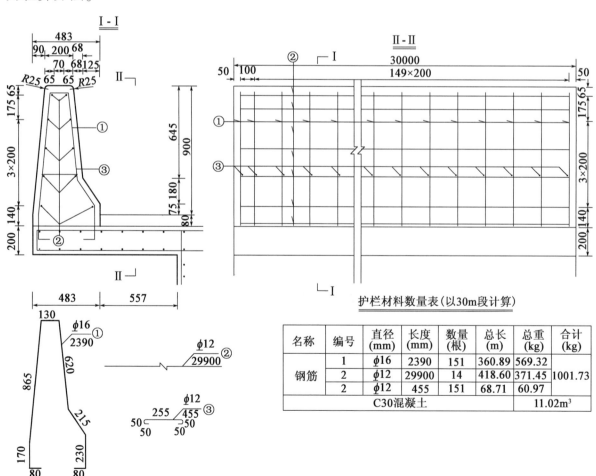

图 B.1 防护等级为 SB 的混凝土护栏(尺寸单位：mm)

B.1.1 钢筋混凝土受弯构件承载力计算方法

一般情况下，钢筋混凝土桥梁护栏的迎撞面和背面均配有钢筋，护栏关于桥梁纵轴的弯曲承载力矩 M_c 和护栏关于其竖向轴的弯曲承载力矩 M_w，可参照《混凝土结构设计规范》(GB 50010—2010)关于单筋矩形截面正截面承载力计算的原理和方法进行计算。

1 计算公式

如图 B.1.1 所示，单筋矩形截面受弯构件的计算公式如下。

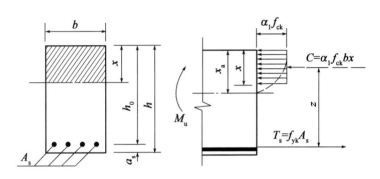

图 B.1.1 单筋矩形截面计算简图

(1)所有各力在水平轴方向上的合力为零：

$$\sum X = 0 \quad \alpha_1 f_{ck} bx = f_{yk} A_s \tag{B.1.1-1}$$

式中：α_1——系数，查表获得；混凝土强度≤C50，$\alpha_1 = 1.0$；

f_{ck}——混凝土轴心抗压强度标准值；

b——矩形截面宽度；

x——按等效矩形应力图形计算的受压区高度；

f_{yk}——钢筋屈服强度标准值；

A_s——受拉区纵向受力钢筋的截面面积。

(2)对受拉区纵向受力钢筋的合力作用点取矩：

$$\sum M_s = 0 \quad M \leqslant M_u = \alpha_1 f_{ck} bx \left(h_0 - \frac{x}{2} \right) \tag{B.1.1-2}$$

式中：M——荷载在该截面上产生的弯矩标准值；

M_u——截面破坏时的极限弯矩；

h_0——截面的有效高度，$h_0 = h - a_s$，h 为矩形截面高度，a_s 为受拉区边缘到受拉钢筋合力作用点的距离。

(3)对受压区混凝土压应力的合力作用点取矩：

$$\sum M_s = 0 \quad M \leqslant M_u = f_{yk}A_s\left(h_0 - \frac{x}{2}\right) \quad \text{(B.1.1-3)}$$

2 截面校核

承载力校核时，截面的弯矩设计值 M、截面尺寸 $b \times h$、钢筋种类、混凝土的强度等级、受拉钢筋截面面积 A_s 为已知的，可按照以下步骤确定截面能否抵抗弯矩设计值。

（1）计算截面有效高度 h_0；

（2）按式（B.1.1-4）计算受压区高度 x：

$$x = \frac{f_{yk}A_s}{\alpha_1 f_{ck} b} \quad \text{(B.1.1-4)}$$

（3）按式（B.1.1-5）计算截面受弯承载力 M_u：

$$M_u = f_{yk}A_s\left(h_0 - \frac{x}{2}\right) \quad \text{(B.1.1-5)}$$

（4）判断截面是否安全：

截面能够抵抗的弯矩 M_u 求出后，将 M_u 与截面的弯矩设计值 M 相比较：如果 $M \leqslant M_u$，则截面承载力足够，截面工作可靠；如果 $M > M_u$，则截面承载力不够，可采用加大截面尺寸或采用强度等级更高的混凝土和钢筋等措施。

B.1.2 材料参数

1 强度

结合实车碰撞试验经验和屈服线理论，本算例选用材料强度标准值进行计算：

（1）护栏钢筋选用 HRB335（原Ⅱ级）钢筋，钢筋屈服强度标准值 $f_{yk} = 335\text{MPa}$；

（2）护栏混凝土选用 C30 混凝土，混凝土轴心抗压强度标准值 $f_{ck} = 20.1\text{MPa}$。

2 钢筋规格

护栏配筋中，①号钢筋为承受护栏关于桥梁纵轴碰撞力弯矩的受力筋，②号钢筋为承受护栏关于其竖向轴碰撞力弯矩的受力筋。

①号钢筋单根钢筋截面面积：$S_1 = 201.1\text{mm}^2$，$d = 16\text{mm}$，护栏标准段①号钢筋间距 200mm；

②号钢筋单根钢筋截面面积：$S_2 = 113.1\text{mm}^2$，$d = 12\text{mm}$，护栏标准段②号钢筋间距 200mm。

B.1.3 碰撞荷载

根据《公路交通安全设施设计细则》（JTG/T D81—2017）表 3.5.4 的规定，SB级碰撞荷载标准值 $F_t = 350\text{kN}$，荷载分布长度 $L_t = 2.4\text{m}$。

B.1.4 护栏关于桥梁纵轴的弯曲承载力矩 M_c

1 各断面 M_c 的计算

由于护栏竖向断面为不规则断面,因此将护栏按照图 B.1.4-1 划分为 1-1、2-2 和 3-3 断面进行计算。

(1)断面 1-1 处(图 B.1.4-2):

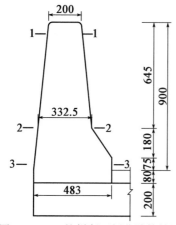

图 B.1.4-1 护栏断面划分计算简图
(尺寸单位:mm)

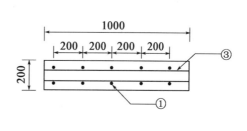

图 B.1.4-2 护栏断面 1-1 计算简图
(尺寸单位:mm)

$a_s = 65 + \dfrac{16}{2} = 73(\text{mm})$(保护层厚度取 65mm);

受压区高度 $x = \dfrac{S_1 f_{yk}}{f_{ck} b} = \dfrac{201.1 \times 335}{20.1 \times 200} = 16.76(\text{mm})$;

截面的有效高度 $h_0 = h - a_s = 200 - 73 = 127(\text{mm})$;

$M_{c1} = \dfrac{S_1 f_{yk}}{b}\left(h_0 - \dfrac{x}{2}\right) = \dfrac{201.1 \times 335}{200} \times \left(127 - \dfrac{16.76}{2}\right) = 39956.26(\text{N} \cdot \text{mm/mm})$。

(2)断面 2-2 处(图 B.1.4-3):

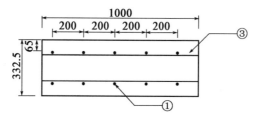

图 B.1.4-3 护栏断面 2-2 计算简图(尺寸单位:mm)

受压区高度 $x = \dfrac{S_1 f_{yk}}{f_{ck} b} = \dfrac{201.1 \times 335}{20.1 \times 200} = 16.76(\text{mm})$;

截面的有效高度 $h_0 = h - a_s = 332.5 - 73 = 259.5(\text{mm})$;

$M_{c2} = \dfrac{S_1 f_{yk}}{b}\left(h_0 - \dfrac{x}{2}\right) = \dfrac{201.1 \times 335}{200}\left(259.5 - \dfrac{16.76}{2}\right) = 84587.89(\text{N} \cdot \text{mm/mm})$。

(3)断面3-3处(图B.1.4-4):

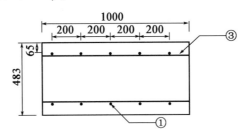

图 B.1.4-4　护栏断面3-3计算简图(尺寸单位:mm)

受压区高度 $x = \dfrac{S_1 f_{yk}}{f_{ck} b} = \dfrac{201.1 \times 335}{20.1 \times 200} = 16.76(\text{mm})$;

截面的有效高度 $h_0 = h - a_s = 483 - 73 = 410(\text{mm})$;

$M_{c3} = \dfrac{S_1 f_{yk}}{b}\left(h_0 - \dfrac{x}{2}\right) = \dfrac{201.1 \times 335}{200}\left(410 - \dfrac{16.76}{2}\right) = 135282.68(\text{N}\cdot\text{mm/mm})$。

2　护栏发生碰撞破坏的可能形式

护栏发生碰撞破坏的可能形式如图B.1.4-5所示。

3　计算 M_c 平均值

M_c 平均值计算简图如图B.1.4-6所示。

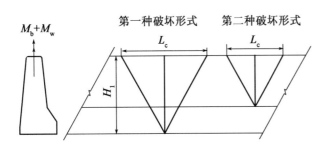

图 B.1.4-5　护栏发生碰撞破坏的可能形式　　　图 B.1.4-6　M_c 平均值计算简图

(1)假定第一种破坏形式:

$$M_c = \left[\dfrac{M_{c1} + M_{c2}}{2} \times H_1 + \dfrac{M_{c2} + M_{c3}}{2} \times H_2\right]/H$$

$$= \left[\dfrac{39956.26 + 84587.89}{2} \times 645 + \dfrac{84587.89 + 135282.68}{2} \times (180 + 75)\right]/900$$

$$= 75776.65(\text{N}\cdot\text{mm/mm})。$$

(2)假定第二种破坏形式:

$$M_c = \dfrac{M_{c1} + M_{c2}}{2}$$

$$= \frac{39956.26 + 84587.89}{2} = 62272.08(\text{N} \cdot \text{mm/mm})。$$

B.1.5 护栏顶部除 M_w 之外的横梁附加弯曲承载力矩 M_b

因护栏顶部无横梁，因此 $M_b = 0$。

B.1.6 护栏关于其竖向轴的弯曲承载力矩 M_w

将该断面分为三部分（图 B.1.6-1），分别计算每部分关于其竖向轴的弯曲承载力矩。

1 上部（图 B.1.6-2）

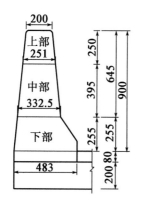

图 B.1.6-1 M_w 计算断面图

（尺寸单位：mm）

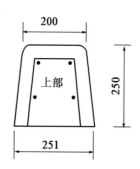

图 B.1.6-2 护栏上部 M_{w1} 计算简图

（尺寸单位：mm）

左右两侧各有 2 根②号钢筋分别承受正、负弯矩。

$a_s = 65 + 16 + \dfrac{12}{2} = 87(\text{mm})$（保护层厚度取 65mm）；

$A_s = 2S_2 = 2 \times 113.1 = 226.2(\text{mm}^2)$（各有 2 根②号钢筋分别承受正、负弯矩）；

截面的有效高度 $h_0 = h - a_s = \dfrac{200 + 251}{2} - 87 = 138.5(\text{mm})$；

受压区高度 $x = \dfrac{2S_2 f_{yk}}{f_{ck} b} = \dfrac{226.2 \times 335}{20.1 \times 250} = 15.08(\text{mm})$；

$$M_{w1} = M_{pos} = M_{neg} = 2S_2 f_{yk}\left(h_0 - \frac{x}{2}\right)$$

$$= 226.2 \times 335 \times \left(138.5 - \frac{15.08}{2}\right) = 9923755.92(\text{N} \cdot \text{mm})。$$

2 中部（图 B.1.6-3）

$A_s = 2S_2 = 2 \times 113.1 = 226.2(\text{mm}^2)$（各有 2 根②号钢筋分别承受正、负弯矩）；

截面的有效高度 $h_0 = h - a_s = \dfrac{251+332.5}{2} - 65 - 16 - \dfrac{12}{2} = 204.75(\text{mm})$；

受压区高度 $x = \dfrac{2S_2 f_{yk}}{f_{ck} b} = \dfrac{226.2 \times 335}{20.1 \times 395} = 9.54(\text{mm})$；

$$M_{w2} = M_{pos} = M_{neg} = 2S_2 f_{yk}\left(h_0 - \dfrac{x}{2}\right)$$

$$= 226.2 \times 335 \times \left(204.75 - \dfrac{9.54}{2}\right) = 15153884.46(\text{N} \cdot \text{mm})。$$

3 下部(图 B.1.6-4)

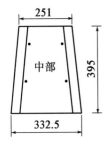 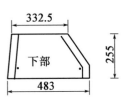

图 B.1.6-3 护栏中部 M_{w2} 计算简图　　图 B.1.6-4 护栏下部 M_{w3} 计算简图

(尺寸单位：mm)　　　　　　　　　　(尺寸单位：mm)

$A_s = S_2 = 113.1\text{mm}^2$（各有 1 根②号钢筋分别承受正、负弯矩）；

截面的有效高度 $h_0 = h - a_s = \dfrac{332.5+483}{2} - 65 - 16 - \dfrac{12}{2} = 320.75(\text{mm})$；

受压区高度 $x = \dfrac{S_2 f_{yk}}{f_{ck} b} = \dfrac{113.1 \times 335}{20.1 \times 255} = 7.39(\text{mm})$；

$$M_{w3} = M_{pos} = M_{neg} = S_2 f_{yk}\left(h_0 - \dfrac{x}{2}\right)$$

$$= 113.1 \times 335 \times \left(320.75 - \dfrac{7.39}{2}\right) = 12012738.37(\text{N} \cdot \text{mm})。$$

计算中部和底部的弯曲承载力矩 M_w 时，规定如下：

《公路交通安全设施设计细则》(JTG/T D81—2017)中规定的公式是以正、负弯矩相等为基础的。当碰撞发生在护栏标准段时，可采用正、负弯矩的平均值；当碰撞发生在护栏端部或伸缩缝处时，需要采用引起护栏面一侧产生拉力的弯矩，即正弯矩。

B.1.7 护栏总的横向承载能力 R_w

1 碰撞发生在护栏标准段时

（1）第一种模式：

$M_w = M_{w1} + M_{w2} + M_{w3}$

$= 9923755.92 + 15153884.46 + 12012738.37 = 37090378.75(\mathrm{N \cdot mm})_{\circ}$

①护栏高度 $H = 900\mathrm{mm}$,计算屈服线发生的临界长度 L_c:

$$L_c = \frac{L_t}{2} + \sqrt{\left(\frac{L_t}{2}\right)^2 + \frac{8H(M_b + M_w)}{M_c}}$$

$$= \frac{2400}{2} + \sqrt{\left(\frac{2400}{2}\right)^2 + \frac{8 \times 900 \times (0 + 37090378.75)}{75776.65}} = 3428.04(\mathrm{mm})_{\circ}$$

②护栏对抗横向荷载的抗力标准值 R_w:

$$R_w = \left(\frac{2}{2L_c - L_t}\right)\left(8M_b + 8M_w + \frac{M_c L_c^2}{H}\right)$$

$$= \left(\frac{2}{2 \times 3428.04 - 2400}\right)\left(8 \times 0 + 8 \times 37090378.75 + \frac{75776.65 \times 3428.04^2}{900}\right)$$

$= 577257.17(\mathrm{N}) = 577.26\mathrm{kN} > 350\mathrm{kN}_{\circ}$

(2)第二种模式:

$M_w = M_{w1} + M_{w2}$

$\quad = 9923755.92 + 15153884.46 = 25077640.38(\mathrm{N \cdot mm})$

①护栏高度 $H = 645\mathrm{mm}$,计算屈服线发生的临界长度 L_c:

$$L_c = \frac{L_t}{2} + \sqrt{\left(\frac{L_t}{2}\right)^2 + \frac{8H(M_b + M_w)}{M_c}}$$

$$= \frac{2400}{2} + \sqrt{\left(\frac{2400}{2}\right)^2 + \frac{8 \times 645 \times (0 + 25077640.38)}{62272.08}} = 3075.63(\mathrm{mm})_{\circ}$$

②护栏对抗横向荷载的抗力标准值 R_w:

$$R_w = \left(\frac{2}{2L_c - L_t}\right)\left(8M_b + 8M_w + \frac{M_c L_c^2}{H}\right)$$

$$= \left(\frac{2}{2 \times 3075.63 - 2400}\right)\left(8 \times 0 + 8 \times 25077640.38 + \frac{62272.08 \times 3075.63^2}{645}\right)$$

$= 593878.69(\mathrm{N}) = 593.88\mathrm{kN} > 350\mathrm{kN}_{\circ}$

护栏的总的横向承载能力 R_w 取两种模式中的较小值 $577.26\mathrm{kN} > 350\mathrm{kN}_{\circ}$

2 碰撞发生在护栏端部或伸缩缝处时

(1)第一种模式:

$M_w = M_{w1} + M_{w2} + M_{w3}$

$\quad = 9923755.92 + 15153884.46 + 12012738.37 = 37090378.75(\mathrm{N \cdot mm})_{\circ}$

①护栏高度 $H = 900\mathrm{mm}$,计算屈服线发生的临界长度 L_c:

$$L_c = \frac{L_t}{2} + \sqrt{\left(\frac{L_t}{2}\right)^2 + \frac{H(M_b + M_w)}{M_c}}$$

$$= \frac{2400}{2} + \sqrt{\left(\frac{2400}{2}\right)^2 + \frac{900 \times (0 + 37090378.75)}{75776.65}} = 2571.32 \text{(mm)}。$$

②护栏对抗横向荷载的抗力标准值 R_w：

$$R_w = \left(\frac{2}{2L_c - L_t}\right)\left(M_b + M_w + \frac{M_c L_c^2}{H}\right)$$

$$= \left(\frac{2}{2 \times 2571.32 - 2400}\right)\left(0 + 37090378.75 + \frac{75776.65 \times 2571.32^2}{900}\right)$$

$$= 432991.41(\text{N}) = 432.99\text{kN} > 350\text{kN}。$$

(2) 第二种模式：

$$M_w = M_{w1} + M_{w2}$$

$$= 9923755.92 + 15153884.46 = 25077640.38(\text{N} \cdot \text{mm})。$$

①护栏高度 $H = 645\text{mm}$，计算屈服线发生的临界长度 L_c：

$$L_c = \frac{L_t}{2} + \sqrt{\left(\frac{L_t}{2}\right)^2 + \frac{H(M_b + M_w)}{M_c}}$$

$$= \frac{2400}{2} + \sqrt{\left(\frac{2400}{2}\right)^2 + \frac{645 \times (0 + 25077640.38)}{62272.08}} = 2503.74 \text{(mm)}。$$

②护栏对抗横向荷载的抗力标准值 R_w：

$$R_w = \left(\frac{2}{2L_c - L_t}\right)\left(M_b + M_w + \frac{M_c L_c^2}{H}\right)$$

$$= \left(\frac{2}{2 \times 2503.74 - 2400}\right)\left(0 + 25077640.38 + \frac{62272.08 \times 2503.74^2}{645}\right)$$

$$= 483452.24(\text{N}) = 483.45\text{kN} > 350\text{kN}。$$

护栏的总的横向承载能力 R_w 取两种模式中的较小值 432.99kN > 350kN。

位于标准段和端部或伸缩缝处的护栏承载能力均满足要求。

B.1.8 桥面板悬臂验算

1 桥面板悬臂验算

桥面板悬臂设计详图如图 B.1.8-1 所示，悬挑长度 1040mm，悬臂板厚 200mm。

(1) 强度：

①桥面板钢筋采用 HRB335（原Ⅱ级）钢筋，f_{yk}（屈服强度标准值）= 335MPa；

②桥面板采用 C50 混凝土，f_{ck}（混凝土轴心抗压强度标准值）= 32.4MPa。

附录B 公路桥梁护栏和桥面板承载能力验算示例

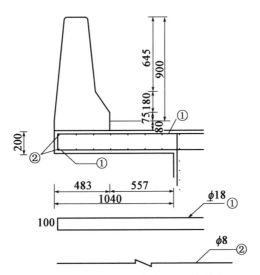

图 B.1.8-1 桥面板悬臂设计详图(尺寸单位:mm)

(2)钢筋规格:

①桥梁悬臂板中,①号钢筋单根钢筋截面面积:$S_1 = 254.34 \text{mm}^2$, $d = 18\text{mm}$,间距150mm;

②桥梁悬臂板中,②号钢筋单根钢筋截面面积:$S_2 = 50.3 \text{mm}^2$, $d = 8\text{mm}$,间距150mm。

根据《公路交通安全设施设计细则》(JTG/T D81—2017)附录 D.4.1 规定,验算状态Ⅰ和状态Ⅱ下桥面板悬臂的承载能力。状态Ⅰ为横向和纵向碰撞荷载作为偶然荷载的承载能力极限状态;状态Ⅱ为竖向碰撞荷载作为偶然荷载的承载能力极限状态。

2 桥面板悬臂验算状态Ⅰ

状态Ⅰ计算简图如图 B.1.8-2 所示。

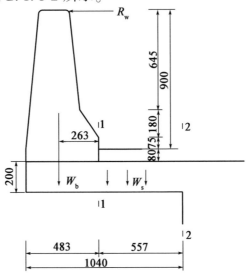

图 B.1.8-2 桥面板悬臂设计状态Ⅰ计算简图(尺寸单位:mm)

将上部横向碰撞力下移到桥面板，对于悬臂板任意截面，其受力体系如图 B.1.8-3 所示。

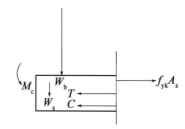

图 B.1.8-3 桥面板悬臂设计状态 I 受力体系

悬臂板横向轴方向合力为零：

$$A_s f_{yk} = C + T$$

式中：C——混凝土承受的压力；

T——碰撞荷载引起的桥面板内轴向拉力。

对悬臂板任意截面受压区混凝土压应力合力作用点取矩，截面应满足：

$$M_c + M_s + M_b \leq A_s f_{yk}\left(h_0 - \frac{x}{2}\right) - T\left(\frac{h_0}{2} - \frac{x}{2}\right)$$

（1）碰撞发生在护栏标准段，为第一种破坏模式，验算 1-1 截面：

①计算状态 I 下 1-1 截面混凝土发生破坏时引起的悬臂板弯矩 M_u。

屈服线发生的临界长度 $L_c = 3428.04\text{mm} = 3.43\text{m}$；

护栏对横向荷载的抗力标准值 $R_w = 577.26\text{kN}$；

护栏高度 $H = 0.9\text{m}$；

护栏破坏时引起的悬臂板内拉力 $T = \dfrac{R_w}{L_c + 2H} = \dfrac{577.26}{3.43 + 2 \times 0.9} = 110.37(\text{kN/m})$；

$$M_u = M_{c1} + M_s + M_b$$

式中：M_u——护栏破坏时引起的 1-1 截面悬臂桥面板弯矩；

M_{c1}——桥面板截面处护栏纵向承载力矩；

M_s——悬臂桥面板重力在 1-1 截面处引起的弯矩；

M_b——护栏重力在 1-1 截面处引起的弯矩。

计算悬臂板自重：

$F_s = 0.2 \times 0.483 \times 2500 \times 9.8 = 2367(\text{N/m}) = 2.37\text{kN/m}$；

$M_s = F_s L = 2.37 \times (0.483/2) = 0.57(\text{kN} \cdot \text{m/m})$。

计算护栏自重：

$F_b = 0.32\text{m}^2 \times 2500 \times 9.8 = 7840(\text{N/m}) = 7.84\text{kN/m}$；

$M_b = F_b L = 7.84 \times 0.263 = 2.06 (\text{kN} \cdot \text{m/m})$;

$M_{c1} = M_c = 75776.65 \text{N} \cdot \text{mm/mm} = 75.78 \text{kN} \cdot \text{m/m}$;

$M_u = M_{c1} + M_s + M_b$

$\quad = 75.78 + 0.57 + 2.06 = 78.41 (\text{kN} \cdot \text{m/m})$。

②计算状态Ⅰ下1-1截面混凝土发生破坏时，悬臂板的承载能力 M_n。

1-1截面悬臂板下部混凝土承受的压力：

$$C = A_s f_{yk} - T = \frac{254.34 \times \frac{1000}{150} \times 335 - 110.37 \times 1000}{1000} = 457.66 (\text{kN/m})$$；

桥梁悬臂板混凝土受压区高度 $x = \dfrac{C}{f_{ck} b} = \dfrac{457.66 \times 1000}{32.4 \times 1000} = 14.13 (\text{mm})$；

截面的有效高度 $h_0 = h - a_s = 200 - 30 - \dfrac{18}{2} = 161 (\text{mm})$（保护层厚度为30mm）；

$$M_n = A_s f_{yk} \left(h_0 - \frac{x}{2} \right) - T \left(\frac{h_0}{2} - \frac{x}{2} \right)$$

$\quad = 254.34 \times \dfrac{1000}{150} \times 335 \times \left(161 - \dfrac{14.13}{2} \right) - 110.37 \times 1000 \times \left(\dfrac{161}{2} - \dfrac{14.13}{2} \right)$

$\quad = 79334061.36 (\text{N} \cdot \text{mm/m}) = 79.33 \text{kN} \cdot \text{m/m} > M_u = 78.41 \text{kN} \cdot \text{m/m}$。

状态Ⅰ下1-1截面承载能力满足要求。

(2)碰撞发生在护栏标准段，为第一种破坏模式，验算2-2截面：

①计算状态Ⅰ下2-2截面混凝土发生破坏时引起的悬臂板弯矩 M_u。

$$T = \frac{R_w}{L_c + 2H + 2L_{ds} \tan 30°}$$

$\quad = \dfrac{577.26}{3.43 + 2 \times 0.9 + 2 \times 0.557 \times 0.58} = 98.24 (\text{kN/m})$（$L_{ds}$为1-1截面与2-2截面的距离）。

$$M_u = M_{c2} + M_s + M_b$$

式中：M_u——护栏破坏时引起的2-2截面悬臂桥面板弯矩；

　　　M_{c2}——桥面板截面处护栏纵向承载力矩；

　　　M_s——悬臂桥面板重力在2-2截面处引起的弯矩；

　　　M_b——护栏重力在2-2截面处引起的弯矩。

$$M_{c2} = \frac{M_{c1} L_c}{L_c + 2L_{ds} \tan 30°}$$

$\quad = \dfrac{75.78 \times 3.43}{3.43 + 2 \times 0.557 \times 0.58} = 63.77 (\text{kN} \cdot \text{m/m})$。

悬臂板自重：

$F_s = 0.2 \times 1.04 \times 2500 \times 9.8 = 5096 (\text{N/m})$；

$M_s = F_s L = 5096 \times (1.04/2) = 2.65 (\text{kN} \cdot \text{m/m})$。

护栏合计：

$F_b = 7840 \text{N/m}$；

$M_b = F_b L = 7.84 \times (0.263 + 0.557) = 6.43 (\text{kN} \cdot \text{m/m})$；

$M_u = 63.77 + 2.65 + 6.43 = 72.85 (\text{kN} \cdot \text{m/m})$。

②计算状态 I 下 2-2 截面混凝土发生破坏时，悬臂板的承载能力 M_n。

$$C = A_s f_{yk} - T$$

$$= \frac{254.34 \times \dfrac{1000}{150} \times 335 - 98.24 \times 1000}{1000} = 469.79 (\text{kN/m})；$$

受压区高度 $x = \dfrac{C}{f_{ck} b} = \dfrac{469.79 \times 1000}{32.4 \times 1000} = 14.50 (\text{mm})$；

截面的有效高度 $h_0 = h - a_s = 200 - 30 - \dfrac{18}{2} = 161 (\text{mm})$（保护层厚度为 30mm）；

$$M_n = A_s f_{yk} \left(h_0 - \frac{x}{2} \right) - T \left(\frac{h_0}{2} - \frac{x}{2} \right)$$

$$= 254.34 \times \frac{1000}{150} \times 335 \times \left(161 - \frac{14.50}{2} \right) - 98.24 \times 1000 \times \left(\frac{161}{2} - \frac{14.50}{2} \right)$$

$$= 80137917.50 (\text{N} \cdot \text{mm/m}) = 80.14 \text{kN} \cdot \text{m/m} > M_u = 72.85 \text{kN} \cdot \text{m/m}。$$

状态 I 下 2-2 截面承载能力满足要求。

3 桥面板悬臂验算状态 II

状态 II 计算简图如图 B.1.8-4 所示。

(1) 计算状态 II 下 2-2 截面的弯矩 M_u：

悬臂桥面板重力在 2-2 截面处引起的弯矩 $M_s = 2.65 \text{kN} \cdot \text{m/m}$；

护栏重力在 2-2 截面处引起的弯矩 $M_b = 6.43 \text{kN} \cdot \text{m/m}$；

竖向碰撞荷载取 18t 货车 $F_v = 18000 \text{kg} \times 9.8 \text{N/kg} = 176.4 \text{kN}$；

竖向碰撞荷载分布长度取 18t 货车的车长 $L_v = 11.3 \text{m}$；

2-2 截面距离悬臂板端部长度 $L_{la} = 1.04 \text{m}$；

$$M_u = \frac{F_v L_{la}}{L_v} + M_s + M_b$$

$$= \frac{176.4 \times 1.04}{11.3} + 2.65 + 6.43 = 25.32 (\text{kN} \cdot \text{m/m})。$$

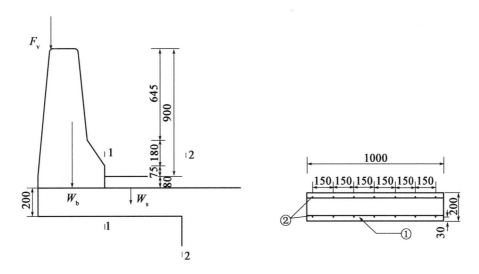

图 B.1.8-4 桥面板悬臂设计状态Ⅱ计算简图(尺寸单位:mm)

(2)计算状态Ⅱ下2-2截面承受竖向荷载下的承载能力 M_n:

受压区高度 $x = \dfrac{A_s f_{yk}}{f_{ck} b} = \dfrac{254.34 \times 335}{32.4 \times 150} = 17.53(\text{mm})$;

截面的有效高度 $h_0 = h - a_s = 200 - 30 - \dfrac{18}{2} = 161(\text{mm})$(保护层厚度为30mm);

$$M_n = \dfrac{A_s f_{yk}}{b}\left(h_0 - \dfrac{x}{2}\right) = \dfrac{254.34 \times 335}{150} \times \left(161 - \dfrac{17.53}{2}\right)$$

$= 86473.44\text{N}\cdot\text{m/m} = 86.47\text{kN}\cdot\text{m/m} > M_u = 25.32\text{kN}\cdot\text{m/m}$。

状态Ⅱ下悬臂板2-2截面承载能力满足要求。

B.1.9 结论

计算结果表明,本桥梁混凝土护栏能够满足SB级防护性能要求(状态Ⅲ未考虑)。

B.2 防护等级为SA的梁柱式护栏

以图B.2所示防护等级为SA的护栏为例,介绍桥梁梁柱式护栏的承载能力验算方法。

B.2.1 结构及材料参数

Q235钢,屈服强度 $f_y = 235\text{MPa}$;

C40混凝土,轴心抗压强度标准值 $f_{ck} = 26.8\text{MPa}$;

立柱间距 $L = 1500\text{mm}$。

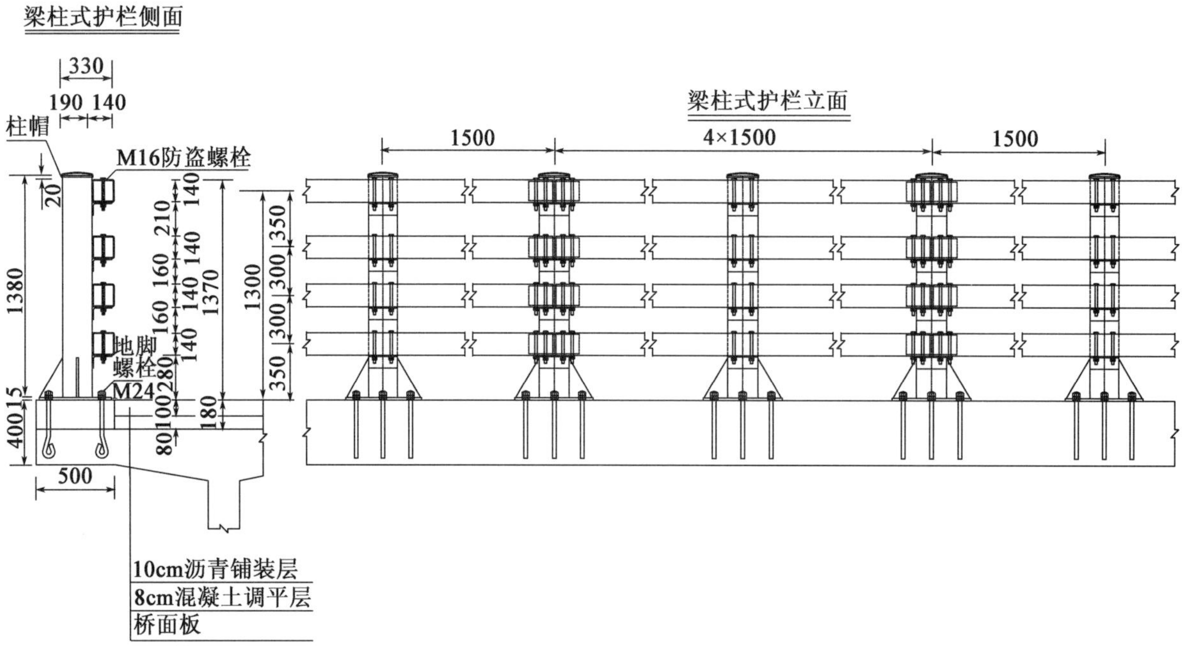

图 B.2　防护等级为 SA 的梁柱式护栏(尺寸单位：mm)

B.2.2　构成塑性铰的所有横梁的非弹性屈服线弯曲承载力矩 M_p 计算

各横梁规格相同，每一根横梁的塑性截面模量 Z 和弯曲承载力矩 M_p 分别为：

$$Z = \frac{140^3}{4} - \frac{(140-12)^3}{4} = 161412 \, (\text{mm}^3);$$

$$M_p = f_y Z = 235 \times 161712 = 38002320 \, (\text{N} \cdot \text{mm})。$$

立柱的塑性截面模量 Z 和弯曲承载力矩 M_{post} 分别为：

$$Z = \frac{190^3}{4} - \frac{(190-16)^3}{4} = 397744 \, (\text{mm}^3);$$

$$M_{post} = f_y Z = 235 \times 397744 = 93469840 \, (\text{N} \cdot \text{mm})。$$

在上述计算中，未考虑纵向碰撞荷载对立柱塑性弯矩的影响。

B.2.3　构造符合性检查

对 SA 等级，$L_t = 2400\text{mm}$；

立柱退后距离 $S = 140\text{mm}$；

横梁最大净距 $C = 210\text{mm}$；

横梁与车辆接触的总高度 $\sum A = 4 \times 140 = 560 \, (\text{mm})$；

$\sum A / H = 560/1370 = 0.41 > 0.25$。

与《公路交通安全设施设计细则》(JTG/T D81—2017)中的图 6.3.5-2 对照可见，

所选择的护栏构件符合构造要求。

根据相关实践经验和试验成果,底部横梁不会发生明显屈服。因此,在计算护栏抗力时,可忽略该横梁。

横梁均采用同样的材料,横梁之间的抗力之比与其模量之比相同。因此,根据横梁的塑性模量,可以计算出桥面板以上各横梁抗力之和 $\bar{R}$ 的高度。

$$\bar{Y} = \frac{\sum(R_i Y_i)}{\bar{R}} = [38002320 \times (1300 + 950 + 650)]/(3 \times 38002320) = 966.67(\text{mm});$$

$G = 1580\text{mm}$,$W = 25000\text{kg}$,$B = 2470\text{mm}$,$F_t = 345000\text{N}$,则护栏所需要的最小有效高度:

$$H_e = G - \frac{WBg}{2F_t} = 703(\text{mm}) < \bar{Y} = 966.67\text{mm},满足要求。$$

B.2.4 承载能力计算

1 当失效模式中未包含端部立柱时

$M_p = 38002320 \times 3 = 114006960(\text{N} \cdot \text{mm})$;

$P_p = \dfrac{M_{\text{post}}}{\bar{Y}} = 93469840/966.67 = 96692.60(\text{N})$;

$L_t = 2400\text{mm}$。

(1)失效模式包含奇数跨 N 时:

$$R = \frac{16M_p + (N-1)(N+1)P_p L}{2NL - L_t}$$

$$= \frac{16 \times 114006960 + (N-1)(N+1) 96692.60 \times 1500}{3000N - 2400}$$

$$= \frac{1824111360 + 145038900(N-1)(N+1)}{3000N - 2400}$$

$N = 3$ 时,$R = 452185.24\text{N}$;

$N = 5$ 时,$R = 421035.31\text{N}$;

$N = 7$ 时,$R = 472364.44\text{N}$;

$N = 9$ 时,$R = 545822.09\text{N}$。

(2)失效模式包含偶数跨 N 时:

$$R = \frac{16M_p + N^2 P_p L}{2NL - L_t}$$

$$= \frac{16 \times 114006960 + N^2 96692.60 \times 1500}{3000N - 2400}$$

$$=\frac{1824111360+145038900 N^2}{3000N-2400}$$

$N=2$ 时，$R=667851.93\mathrm{N}$；

$N=4$ 时，$R=431743.10\mathrm{N}$；

$N=6$ 时，$R=451635.37\mathrm{N}$；

$N=8$ 时，$R=514194.49\mathrm{N}$。

护栏系统的承载能力由上述计算中的最小值来确定。该护栏系统的承载抗力为：

$R=421035.31\mathrm{N}>345000\mathrm{N}$。

需要注意的是，对给定的立柱横截面和间距，随着横梁塑性承载能力 M_p 的增加，产生最小抗力时影响的跨数和最小承载能力均增加。

（3）失效模式下影响范围内两端立柱的荷载检查：

失效模式下的立柱数 $=N-1=4$；

失效立柱的荷载 $=4\times96692.60=386770.4(\mathrm{N})$；

失效模式下每端立柱的荷载 $=\dfrac{R-386770.4}{2}=17132.45(\mathrm{N})<P_p=96692.60\mathrm{N}$（如大于 P_p，则应继续计算影响跨数 N）。

2　当失效模式中包含端部立柱时

对任意数量的横梁跨数 N 来说：

$$R=\frac{2M_p+2P_pL(\sum_{i=1}^{N}i)}{2NL-L_t}$$

$$=\frac{2\times114006960+2\times96692.60\times1500(1+2+\cdots+N)}{3000N-2400}$$

$$=\frac{228013920+290077800(1+2+\cdots+N)}{3000N-2400}$$

$N=2$ 时，$R=305068.70\mathrm{N}$；

$N=3$ 时，$R=298254.65\mathrm{N}$；

$N=4$ 时，$R=325915.83\mathrm{N}$；

$N=5$ 时，$R=363427.06\mathrm{N}$；

$N=6$ 时，$R=405105.62\mathrm{N}$。

选取最小值为 $R=298254.65\mathrm{N}<345000\mathrm{N}$。

则位于端部或伸缩缝处的护栏需要提高承载能力，可采取加密端部立柱或者是否可能适当降低其防护水平。

3 竖向力检查

$F_v = 25000 \times 9.8 = 245000(N)$（车辆总重量）；

$L_v = 11300 mm$（车长）；

竖向荷载 $W = \dfrac{F_v}{L_v} = 21.68(N/mm)$；

弯矩 $= \dfrac{WL^2}{10} = 21.68 \times 1500^2 / 10 = 4878318.58(N \cdot mm)$；

顶部横梁的塑性弯矩 $= 38002320 N \cdot mm > 4878318.58 N \cdot mm$。

下一步检查和设计：

(1) 顶部横梁和立柱的连接设计，应能承受竖向荷载和偏心荷载引起的弯矩；

(2) 检查横梁和立柱的连接，能否承受纵向碰撞力的影响；

(3) 检查立柱与底板的连接、底板和地脚螺栓，能否承受立柱的塑性弯矩。

B.2.5 桥面板悬臂设计

地脚螺栓和底板的设计抗力应高于单根立柱塑性受弯承载能力。立柱的抗力是以塑性弯矩为基础，即可能的最高抗力。底板和地脚螺栓的抗力以屈服强度为基础，也就是说，在立柱破坏前底板和地脚螺栓变形不会特别明显。

1 地脚螺栓

地脚螺栓所受荷载 $= \dfrac{M_{post}}{B} = 93469840 / (190 + 60 - 4) = 379958.70(N)$；

地脚螺栓采用 Q235 钢，$f_y = 235 MPa$；

三个地脚螺栓的抗力 $= 3 \times \dfrac{\pi \times 24^2}{4} \times 235 = 318934.5(N) < 379958.70 N$。

试验情况：由于焊接和底板分区处理不当等原因，造成立柱与底板焊接脱落，实际是地脚强度不足，建议采用 M27，则：

三个地脚螺栓的抗力 $= 3 \times \dfrac{\pi \times 27^2}{4} \times 235 = 403651.46(N) > 379958.70 N$。

2 底板

假定设计断面在法兰盘之外。

底板采用 Q235 钢，$f_y = 235 MPa$；

底板厚度 $t = 15 mm$；

法兰盘单位边长承受的弯矩 $M = \dfrac{379958.70 \times 60}{500} = 45595.04(N \cdot mm/mm)$；

$$\sigma = \frac{45595.04 \times 6}{15^2} = 1215.87 \, (\text{MPa}) > f_y = 235 \, \text{MPa}。$$

试验情况：由于焊接和底板分区处理不当等原因，造成立柱与底板焊接脱落，也掩盖了底板厚度不足的问题，厚度建议采用 35mm，则：

$$\sigma = 223.32 \, (\text{MPa}) < f_y = 235 \, \text{MPa}。$$

建议进一步优化底板的设计，通过合理分区来降低板的大小和厚度。

3 桥面板设计荷载

（1）状态Ⅰ 单位长度的弯矩 M_d 和桥面板单位长度的张拉力 T 计算：

$$M_d = \frac{M_{\text{post}}}{W_b + d_b} = \frac{93469840}{500 + (460 - 60)} = 103855.38 \, (\text{N} \cdot \text{mm/mm});$$

$$T = \frac{P_p}{W_b + d_b} = \frac{96692.60}{500 + (460 - 60)} = 107.44 \, (\text{N} \cdot \text{mm/mm})。$$

从桥面板经济性设计的角度来看，比较理想的做法是使用较小的立柱来减少 M_d 和 T。但这将导致车辆与护栏系统碰撞时，破坏的护栏跨数增加。

桥面板悬臂设计时，应采用传统的混凝土设计方法来同时承受 M_d 和 T。

（2）状态Ⅱ 竖向碰撞力计算：

$$P_v = \frac{F_v L}{L_v} = \frac{245000 \times 1500}{11300} = 32522.12 \, (\text{N});$$

$$M_d = \frac{P_v X}{b} = \frac{32522.12 X}{2X + 500}$$

对给定的防护等级，M_d 取决于悬臂的长度和立柱间距。M_d 与 X 的变化可采用图形来表示。由上式可看出，M_d 与 X 成正比，$X = 480\text{mm}$ 时，$M_d = 10692.20 \, \text{N} \cdot \text{mm}$。

4 对冲击剪力抗力的计算

冲击剪力为：$V_u = A_f f_y = 190 \times 8 \times 235 = 357200 \, (\text{N})$。

假定：

翼缘板厚度 $h = 220\text{mm}$；

混凝土轴心抗压强度标准值 $f_{ck} = 26.8 \, \text{MPa}$；

$E = 20 + 150 + 4 = 174 \, (\text{mm})$；

$B = 60 + 190 - 4 = 246 \, (\text{mm})$；

$\frac{B}{2} + \frac{h}{2} = (246 + 220)/2 = 233 \, (\text{mm}) < B = 246\text{mm}$；

$\beta_c = \frac{W_b}{d_b} = 500/(460 - 60) = 1.25$；

$$v_c = \left(0.166 + \frac{0.332}{\beta_c}\right)\sqrt{f'_c} = \left(0.166 + \frac{0.332}{1.25}\right) \times \sqrt{26.8}$$

$$= 2.234 > 0.332\sqrt{f'_c} = 0.332 \times \sqrt{26.8} = 1.719;$$

$V_c = 1.719 \text{MPa}$。

桥面板悬臂对冲击剪力带系数的抗力可写为：

$$V_n = v_c \left[W_b + h + 2\left(E + \frac{B}{2} + \frac{h}{2}\right)\right]h$$

$$= 1.719 \times [500 + 220 + 2 \times (174 + 232.5)] \times 200 = 527045.4(\text{N});$$

$V_n = 527045.4\text{N} > V_u = 357200\text{N}$。

B.3 防护等级为 SS 的组合式护栏

图 B.3-1 为某设计速度为 120km/h 的高速公路桥梁护栏结构图。该桥梁跨越城市饮用水源一级保护区，根据《公路交通安全设施设计规范》(JTG D81—2017)的规定，其设计防护等级应选取 SS 级。

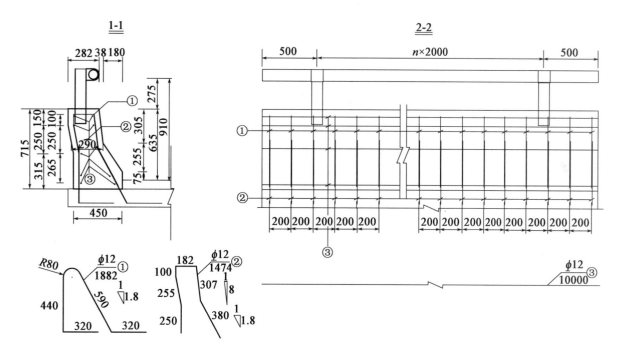

图 B.3-1 现有组合型护栏(尺寸单位：mm)

对于组合式护栏，按照《公路交通安全设施设计细则》(JTG/T D81—2017)第 6.3.5 条的规定：各防护等级组合护栏的高度可在同等级混凝土护栏高度基础上增加 10cm。现有桥梁护栏高度仅为 91cm，若要将现有护栏防护等级提升至 SS 级，首先需要对护栏进行加高处理。

为了充分利用原有护栏基础,缩短施工周期,提高施工工艺的便捷性和可操作性,护栏提升设计拆除上部原有横梁和立柱,增加新立柱及横梁等金属构件。加高后的组合式护栏总高度为121cm,大于110cm+10cm=120cm,高度满足要求。加高提升方案如图 B.3-2 所示。

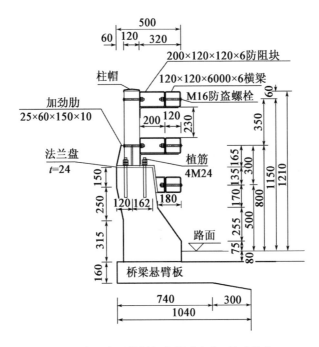

图 B.3-2　现有组合型护栏加高提升方案(尺寸单位:mm)

根据《公路交通安全设施设计细则》(JTG/T D81—2017)附录 D 的相关规定,桥梁护栏混凝土结构部分和上部横梁部分应分别计算。

B.3.1　混凝土部分承载力计算

1　基本信息

混凝土部分配筋情况如图 B.3.1-1 所示。

选用 HRB335(原Ⅱ级)钢筋,f_{yk}(屈服强度标准值)=335MPa;

原有桥梁护栏为 C25 混凝土,f_{ck}(混凝土轴心抗压强度标准值)=16.7MPa。

钢筋规格:

①号钢筋单根钢筋截面面积:$S_1=113.1\text{mm}^2$,$d=12\text{mm}$,间距200mm;

②号钢筋单根钢筋截面面积:$S_2=113.1\text{mm}^2$,$d=12\text{mm}$,间距200mm;

③号钢筋单根钢筋截面面积:$S_3=113.1\text{mm}^2$,$d=12\text{mm}$,间距200mm。

2　碰撞荷载

根据《公路交通安全设施设计细则》(JTG/T D81—2017)表 3.5.4 的规定,SS 级桥梁护栏的汽车横向碰撞荷载标准值 $F_t=520\text{kN}$,荷载分布长度 $L_t=2.4\text{m}$。

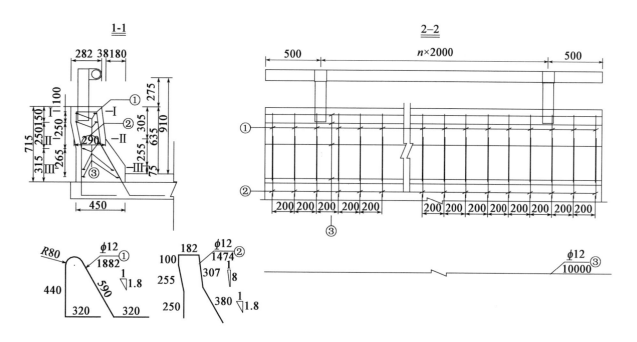

图 B.3.1-1 混凝土部分配筋详图(尺寸单位：mm)

3 护栏关于桥梁纵轴的弯曲承载力矩 M_c

(1)各断面 M_c 的计算

①断面 Ⅰ-Ⅰ 处(图 B.3.1-2)：

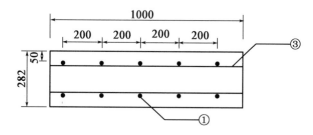

图 B.3.1-2 断面 Ⅰ-Ⅰ 配筋详图(尺寸单位：mm)

受压区高度 $x = \dfrac{S_1 f_{yk}}{f_{ck} b} = \dfrac{113.1 \times 335}{16.7 \times 200} = 11.34 (\text{mm})$；

截面的有效高度 $h_0 = h - a_s = 282 - 50 - \dfrac{12}{2} = 226 (\text{mm})$（保护层厚度为 50mm）；

$M_{c1} = \dfrac{S_1 f_{yk}}{b}\left(h_0 - \dfrac{x}{2}\right) = \dfrac{113.1 \times 335}{200} \times \left(226 - \dfrac{11.34}{2}\right) = 41739.87 (\text{N} \cdot \text{mm/mm})$。

②断面 Ⅱ-Ⅱ 处(图 B.3.1-3)：

受压区高度 $x = \dfrac{S_1 f_{yk}}{f_{ck} b} = \dfrac{113.1 \times 335}{16.7 \times 200} = 11.34 (\text{mm})$；

截面的有效高度 $h_0 = h - a_s = 290 - 50 - 12/2 = 234 (\text{mm})$；

$$M_{c2} = \frac{S_1 f_{yk}}{b}\left(h_0 - \frac{x}{2}\right) = \frac{113.1 \times 335}{200} \times \left(234 - \frac{11.34}{2}\right) = 43255.41(\text{N} \cdot \text{mm/mm})\text{。}$$

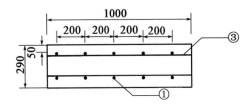

图 B.3.1-3 断面Ⅱ-Ⅱ配筋详图(尺寸单位：mm)

③断面Ⅲ-Ⅲ处(图 B.3.1-4)：

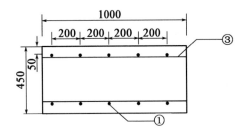

图 B.3.1-4 断面Ⅲ-Ⅲ配筋详图(尺寸单位：mm)

受压区高度 $x = \frac{S_1 f_{yk}}{f_{ck} b} = \frac{113.1 \times 335}{16.7 \times 200} = 11.34(\text{mm})$；

截面的有效高度 $h_0 = h - a_s = 450 - 50 - 12/2 = 394(\text{mm})$；

$$M_{c3} = \frac{S_1 f_{yk}}{b}\left(h_0 - \frac{x}{2}\right) = \frac{113.1 \times 335}{200} \times \left(394 - \frac{11.34}{2}\right) = 73566.21(\text{N} \cdot \text{mm/mm})\text{。}$$

(2)护栏发生碰撞破坏的可能形式

桥梁护栏发生碰撞破坏的可能形式如图 B.3.1-5 所示。

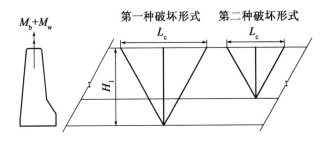

图 B.3.1-5 护栏发生碰撞破坏的可能形式

(3)计算 M_c 平均值

①假定第一种破坏形式：

$$\begin{aligned}
M_c &= \left[\frac{M_{c1} + M_{c2}}{2} \times H_1 + \frac{M_{c2} + M_{c3}}{2} \times H_2\right]/H \\
&= \left[\frac{41739.87 + 43255.41}{2} \times 305 + \frac{43255.41 + 73566.21}{2} \times 330\right]/635
\end{aligned}$$

$=50767.48(\text{N}\cdot\text{mm/mm})$。

②假定第二种破坏形式：

$$M_\text{c}=\frac{M_\text{c1}+M_\text{c2}}{2}$$

$$=\frac{41739.87+43255.41}{2}=42497.64(\text{N}\cdot\text{mm/mm})$$。

4 护栏顶部除 M_w 之外的横梁附加弯曲承载力矩 M_b

由于组合式护栏的混凝土墙体与上部横梁分开计算，因此 $M_\text{b}=0$。

5 护栏关于其竖向轴的弯曲承载力矩 M_w

将该断面分为三部分，分别计算每部分关于其竖向轴的弯曲承载力矩。

(1) 顶端(图 B.3.1-6)

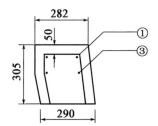

图 B.3.1-6 顶端配筋详图(尺寸单位：mm)

$A_\text{s}=2S_3=2\times113.1=226.2(\text{mm}^2)$(各有 2 根③号钢筋分别承受正、负弯矩)；

截面的有效高度 $h_0=h-a_\text{s}=d_\text{ave}=\dfrac{282+290}{2}-50-12-\dfrac{12}{2}=218(\text{mm})$；

受压区高度 $x=\dfrac{2S_3 f_{yk}}{f_{ck}b}=\dfrac{226.2\times335}{16.7\times305}=14.87(\text{mm})$；

$M_{w1}=M_{pos}=M_{neg}=2S_3 f_{yk}\left(h_0-\dfrac{x}{2}\right)$

$=226.2\times335\times\left(218-\dfrac{14.87}{2}\right)=15955984(\text{N}\cdot\text{mm})$。

(2) 中部(图 B.3.1-7)

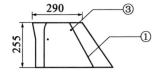

图 B.3.1-7 中部配筋详图(尺寸单位：mm)

$A_\text{s}=S_3=1\times113.1=113.1(\text{mm}^2)$(各有 1 根③号钢筋分别承受正、负弯矩)；

截面的有效高度 $h_0=h-a_\text{s}=d_\text{ave}=\dfrac{290+450}{2}-50-12-\dfrac{12}{2}=302(\text{mm})$；

受压区高度 $x = \dfrac{S_3 f_{yk}}{f_{ck} b} = \dfrac{113.1 \times 335}{16.7 \times 255} = 8.9 (\text{mm})$；

$$M_{w2} = M_{pos} = M_{neg} = S_3 f_{yk}\left(h_0 - \dfrac{x}{2}\right)$$

$$= 113.1 \times 335 \times \left(302 - \dfrac{8.9}{2}\right) = 11273723 (\text{N} \cdot \text{mm})。$$

(3) 底部（图 B.3.1-8）

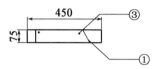

图 B.3.1-8 底部配筋详图（尺寸单位：mm）

$A_s = S_3 = 1 \times 113.1 = 113.1 (\text{mm}^2)$（各有 1 根③号钢筋分别承受正、负弯矩）；

截面的有效高度 $h_0 = h - a_s = d_{ave} = 450 - 50 - 12 - \dfrac{12}{2} = 382 (\text{mm})$；

受压区高度 $x = \dfrac{S_3 f_{yk}}{f_{ck} b} = \dfrac{113.1 \times 335}{16.7 \times 75} = 30.25 (\text{mm})$；

$$M_{w3} = M_{pos} = M_{neg} = S_3 f_{yk}\left(h_0 - \dfrac{x}{2}\right)$$

$$= 113.1 \times 335 \times \left(382 - \dfrac{30.25}{2}\right) = 13900343 (\text{N} \cdot \text{mm})。$$

6　护栏总的横向承载能力 R_w

(1) 碰撞发生在护栏标准段时

①第一种模式：

$M_w = M_{w1} + M_{w2} + M_{w3} = 15955984 + 11273723 + 13900343 = 41130050 (\text{N} \cdot \text{mm})$；

$H = 635 \text{mm}$。

屈服线发生的临界长度：

$$L_c = \dfrac{L_t}{2} + \sqrt{\left(\dfrac{L_t}{2}\right)^2 + \dfrac{8H(M_b + M_w)}{M_c}}$$

$$= \dfrac{2400}{2} + \sqrt{\left(\dfrac{2400}{2}\right)^2 + \dfrac{8 \times 635 \times (0 + 41130050)}{50767.48}} = 3557.04 (\text{mm})；$$

护栏对横向荷载的抗力标准值：

$$R_w = \left(\dfrac{2}{2L_c - L_t}\right)\left(8M_b + 8M_w + \dfrac{M_c L_c^2}{H}\right)$$

$$= \left(\dfrac{2}{2 \times 3557.04 - 2400}\right)\left(8 \times 0 + 8 \times 41130050 + \dfrac{50767.48 \times 3557.04^2}{635}\right)$$

$= 568762(\text{N}) = 568.76\text{kN} > 520\text{kN}$。

②第二种模式：

$M_\text{w} = M_\text{w1} = 15955984\text{N} \cdot \text{mm}$；

$H = 305\text{mm}$。

屈服线发生的临界长度：

$$L_\text{c} = \frac{L_\text{t}}{2} + \sqrt{\left(\frac{L_\text{t}}{2}\right)^2 + \frac{8H(M_\text{b} + M_\text{w})}{M_\text{c}}}$$

$$= \frac{2400}{2} + \sqrt{\left(\frac{2400}{2}\right)^2 + \frac{8 \times 305 \times (0 + 15955984)}{42497.64}} = 2734.96(\text{mm})$$；

护栏对横向荷载的抗力标准值：

$$R_\text{w} = \left(\frac{2}{2L_\text{c} - L_\text{t}}\right)\left(8M_\text{b} + 8M_\text{w} + \frac{M_\text{c}L_\text{c}^2}{H}\right)$$

$$= \left(\frac{2}{2 \times 2734.96 - 2400}\right)\left(8 \times 0 + 8 \times 15955984 + \frac{42497.64 \times 2734.96^2}{305}\right)$$

$$= 762162.12(\text{N}) = 762.16\text{kN} > 520\text{kN}$$。

护栏的总的横向承载能力 R_w 取两种模式中的较小值 $568.76\text{kN} > 520\text{kN}$。

(2)碰撞发生在护栏端部或伸缩缝处时

①第一种模式：

$M_\text{w} = M_\text{w1} + M_\text{w2} + M_\text{w3} = 15955984 + 11273723 + 13900343 = 41130050(\text{N} \cdot \text{mm})$；

$H = 635\text{mm}$。

屈服线发生的临界长度：

$$L_\text{c} = \frac{L_\text{t}}{2} + \sqrt{\left(\frac{L_\text{t}}{2}\right)^2 + \frac{H(M_\text{b} + M_\text{w})}{M_\text{c}}}$$

$$= \frac{2400}{2} + \sqrt{\left(\frac{2400}{2}\right)^2 + \frac{635 \times (0 + 41130050)}{50767.48}} = 2598.02(\text{mm})$$；

护栏对横向荷载的抗力标准值：

$$R_\text{w} = \left(\frac{2}{2L_\text{c} - L_\text{t}}\right)\left(M_\text{b} + M_\text{w} + \frac{M_\text{c}L_\text{c}^2}{H}\right)$$

$$= \left(\frac{2}{2 \times 2598.02 - 2400}\right)\left(0 + 41130050 + \frac{50767.48 \times 2598.02^2}{635}\right)$$

$$= 415416.28(\text{N}) = 415.42\text{kN} < 520\text{kN}$$。

②第二种模式：

$M_\text{w} = M_\text{w1} = 15955984\text{N} \cdot \text{mm}$；

$H = 305\text{mm}$。

屈服线发生的临界长度：

$$L_c = \frac{L_t}{2} + \sqrt{\left(\frac{L_t}{2}\right)^2 + \frac{H(M_b + M_w)}{M_c}}$$

$$= \frac{2400}{2} + \sqrt{\left(\frac{2400}{2}\right)^2 + \frac{305 \times (0 + 15955984)}{42497.64}} = 2446.80(\text{mm})；$$

护栏对横向荷载的抗力标准值：

$$R_w = \left(\frac{2}{2L_c - L_t}\right)\left(M_b + M_w + \frac{M_c L_c^2}{H}\right)$$

$$= \left(\frac{2}{2 \times 2446.80 - 2400}\right)\left(0 + 15955984 + \frac{42497.64 \times 2446.80^2}{305}\right)$$

$$= 681858.46(\text{N}) = 681.86\text{kN} > 520\text{kN}。$$

护栏总的横向承载能力 R_w 取两种模式中的较小值 415.42kN < 520kN。

B.3.2 上部横梁承载力计算

横梁承载力简图如图 B.3.2 所示。

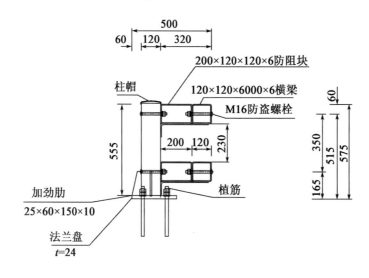

图 B.3.2 横梁承载力计算简图(尺寸单位：mm)

1 结构及材料参数

Q235 钢，$f_y = 235\text{MPa}$；

C25 混凝土，f_{ck}(混凝土轴心抗压强度标准值) = 16.7MPa；

立柱间距 = 2000mm。

2 构成塑性铰的所有横梁的非弹性或屈服线弯曲承载力矩 M_p 计算

各横梁规格相同,每一根横梁的塑性截面模量 Z 和弯曲承载力矩 M_p 分别为:

$$Z = \frac{120^3}{4} - \frac{(120-12)^3}{4} = 117072 \, (\text{mm}^3);$$

$$M_p = f_y Z = 235 \times 117072 = 27511920 \, (\text{N} \cdot \text{mm})。$$

立柱的塑性截面模量 Z 和弯曲承载力矩 M_{post} 分别为:

$$Z = \frac{120^3}{4} - \frac{(120-12)^3}{4} = 117072 \, (\text{mm}^3);$$

$$M_{\text{post}} = f_y Z = 235 \times 117072 = 27511920 \, (\text{N} \cdot \text{mm})。$$

在上述计算中,未考虑纵向碰撞荷载对立柱塑性弯矩的影响。

3 构造符合性检查

对于防护等级为 SS 级,$L_t = 2400 \text{mm}$;

设计方案中,立柱退后距离 $S = 320 \text{mm}$,横梁最大净距 $C = 230 \text{mm}$;

$\sum A = 2 \times 120 = 240 \text{mm}$;

$\sum A / H = 240/555 = 0.43 > 0.25$。

与《公路交通安全设施设计细则》(JTG/T D81—2017)图 6.3.5-2 对照可见,所选择的护栏构件符合构造要求。

根据相关实践经验和试验成果,底部横梁不会发生屈服。因此,在计算护栏抗力时,可忽略该横梁。

横梁均采用同样的材料,横梁之间的抗力之比与其模量之比相同。因此,根据横梁的塑性模量,可计算出桥面板以上各横梁抗力之和 $\bar{R}$ 的高度。

$$\bar{Y} = \frac{\Sigma(R_i Y_i)}{\bar{R}} = [27511920 \times (165 + 515)] / (2 \times 27511920) = 340 \, (\text{mm})。$$

4 上部横梁承载能力计算

(1)当破坏模式中未包含端部立柱时

$M_p = 27511920 \times 2 = 55023840 \, (\text{N} \cdot \text{mm})$;

$P_p = \dfrac{M_{\text{post}}}{\bar{Y}} = \dfrac{27511920}{340} = 80917.41 \, (\text{N})$;

$L_t = 2400 \text{mm}$。

① 破坏模式包含奇数跨 N 时:

$$R = \frac{16M_p + (N-1)(N+1)P_p L}{2NL - L_t}$$

$$= \frac{16 \times 55023840 + (N-1)(N+1) \times 80917.41 \times 2000}{2 \times N \times 2000 - 2400}$$

$N=3$ 时，$R=226568.75\text{N}$；

$N=5$ 时，$R=270705.52\text{N}$；

$N=7$ 时，$R=337830.18\text{N}$；

$N=9$ 时，$R=411522.83\text{N}$。

②破坏模式包含偶数跨 N 时：

$$R = \frac{16M_p + N^2 P_p L}{2NL - L_t}$$

$$= \frac{16 \times 55023840 + N^2 \times 80917.41 \times 2000}{2 \times N \times 2000 - 2400}$$

$N=2$ 时，$R=272807.27\text{N}$；

$N=4$ 时，$R=255127.84\text{N}$；

$N=6$ 时，$R=310483.10\text{N}$；

$N=8$ 时，$R=379655.74\text{N}$。

护栏系统的承载能力由上述计算中的最小值来确定，该护栏系统的承载抗力为：$R=226568.75\text{N}=226.57\text{kN}$。

③破坏模式下端部立柱的荷载检查：

破坏模式下的立柱数 $=N-1=2$；

失效立柱的荷载 $=2\times P_p=2\times 80917.41=161834.82(\text{N})$；

破坏模式下每端立柱的荷载 $=\dfrac{R-161834.82}{2}=32366.97(\text{N})<P_p=80917.41\text{N}$。

（2）当破坏模式中包含端部立柱时

对任意数量的横梁跨数 N 来说：

$$R = \frac{2M_p + 2P_p L(\sum_{i=1}^{N} i)}{2NL - L_t}$$

$$= \frac{2 \times 55023840 + 2 \times 80917.41 \times 2000(1+2+\cdots+N)}{2 \times N \times 2000 - 2400}$$

$N=2$ 时，$R=193045.82\text{N}$；

$N=3$ 时，$R=213756.83\text{N}$；

$N=4$ 时，$R=246084.12\text{N}$；

$N=5$ 时，$R=282107.52\text{N}$；

$N=6$ 时，$R=319773.62\text{N}$。

选取最小值为 $R=193045.82\text{N}=193.05\text{kN}$。

B.3.3 组合护栏承载力合成计算

1 车辆碰撞发生在金属横梁跨中时

$$\overline{R} = R_R + R_w = 226.57 + 568.84 = 795.41(\text{kN});$$

$$\overline{Y} = \frac{R_R H_R + R_w H_w}{\overline{R}} = \frac{226.57 \times (0.635 + 0.34) + 568.84 \times 0.635}{795.41} = 0.73(\text{m})。$$

2 车辆碰撞发生在立柱处时

$$R'_w = \frac{R_w H_w - P_p H_R}{H_w} = \frac{568.84 \times 0.635 - 80.92 \times (0.635 + 0.34)}{0.635} = 444.59(\text{kN});$$

$$\overline{R} = P_p + R'_R + R'_w = 80.92 + 272.81 + 444.59 = 798.32(\text{kN});$$

$$\overline{Y} = \frac{P_p H_R + R'_R H_R + R'_w H_w}{\overline{R}}$$

$$= \frac{80.92 \times (0.635 + 0.34) + 272.81 \times (0.635 + 0.34) + 444.59 \times 0.635}{798.32} = 0.79(\text{m})。$$

取车辆碰撞发生在金属横梁跨中,$\overline{R} = 795.41\text{kN} > 520\text{kN}$,$\overline{Y} = 0.73\text{m}$。

B.3.4 锚固螺栓的承载力计算

1 植筋锚栓

植筋螺栓结构如图 B.3.4 所示。

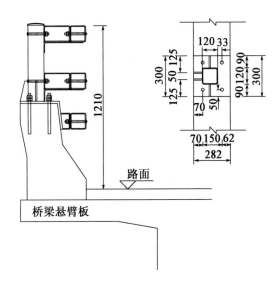

图 B.3.4 植筋螺栓结构图(尺寸单位:mm)

地脚螺栓所受荷载 $= \dfrac{M_{\text{post}}}{B} = 27511920/(120 + 33 - 3) = 183412.8(\text{N}) = 183.41\text{kN}$;

地脚螺栓采用 Q235 钢,$f_y = 235\text{MPa}$;

两个直径为24mm的地脚螺栓抗力 $= 2 \times \dfrac{\pi d_e^2}{4} f_y = 2 \times \dfrac{\pi \times 24^2}{4} \times 235 = 212515.2(\text{N}) = 212.52\text{kN} > 183.41\text{kN}$。

2 底板

假定设计断面在护栏立柱外侧边缘。

底板采用 Q235 钢，$f_y = 235\text{MPa}$；

底板厚度 $t = 24\text{mm}$；

$M = \dfrac{183412.8 \times 33}{300} = 20175.41(\text{N} \cdot \text{mm/mm})$；

$\sigma = \dfrac{20175.41 \times 6}{24^2} = 210.16(\text{MPa}) < f_s = 235\text{MPa}$。

B.3.5 组合护栏承载力合成计算结果

最终计算所得，提升后的组合护栏，标准段合成强度 $\overline{R} = 795.41\text{kN} > 520\text{kN}$，$\overline{Y} = 0.73\text{m}$，护栏总高度满足规范要求，且已通过实车碰撞试验的验证。

附录 C 新增安全防护设施设计示例

C.1 金属梁柱护栏一般构造示例（图 C.1-1～图 C.1-3）

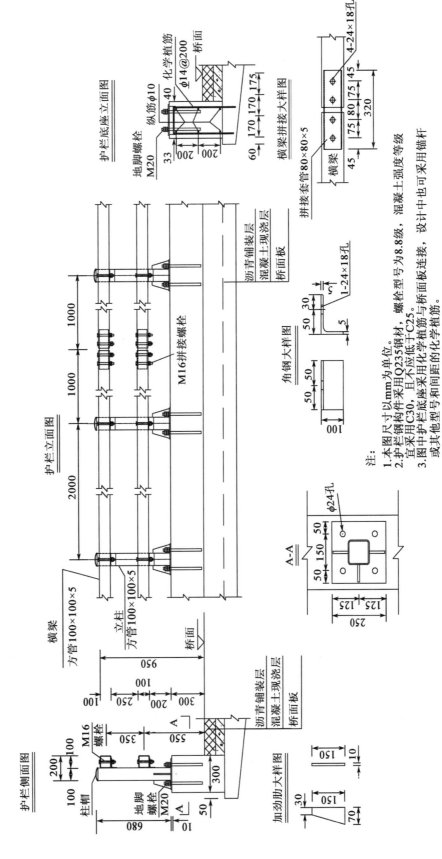

图 C.1-1 三级（A级）金属梁柱护栏

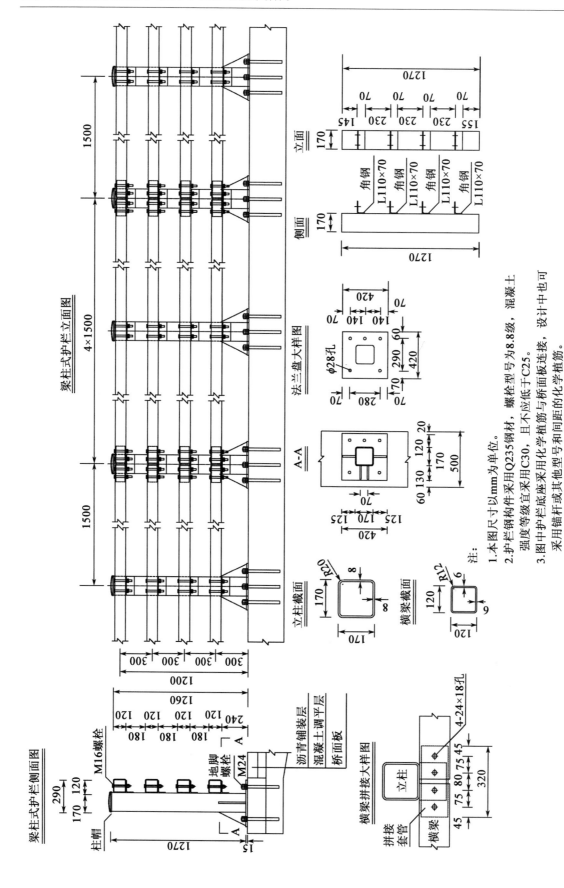

图 C.1-2 四级（SB 级）金属梁柱式护栏

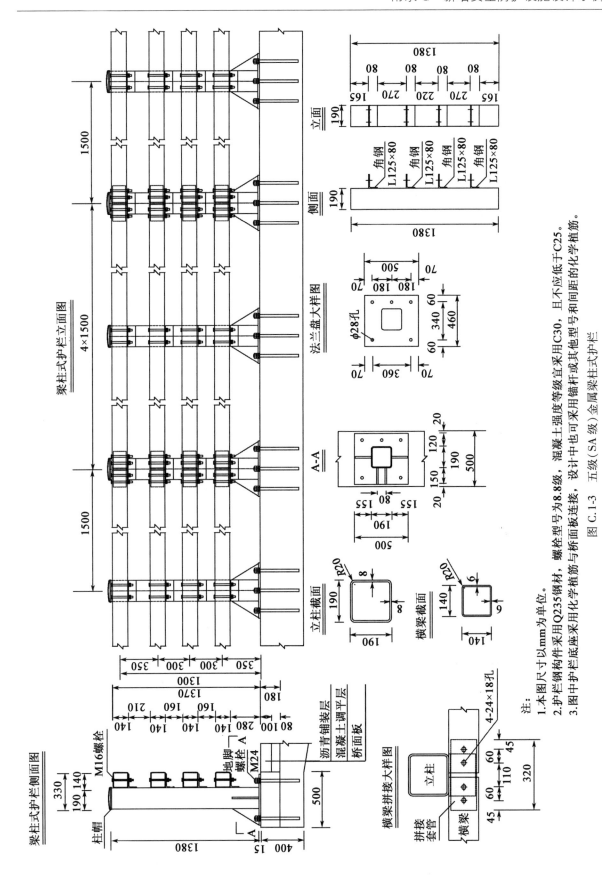

图 C.1-3 五级（SA 级）金属梁柱式护栏

C.2 人行道栏杆和护栏组合的一般构造示例（图 C.2-1、图 C.2-2）

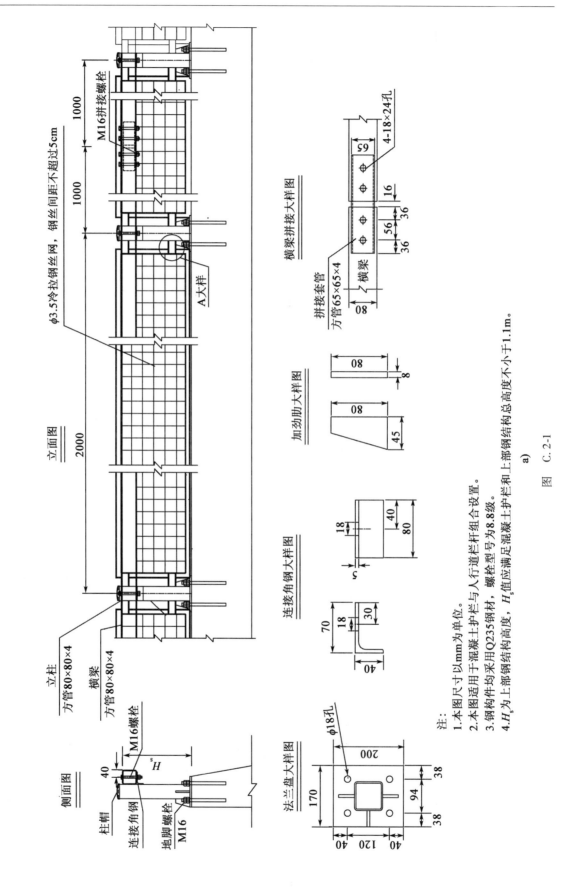

图 C.2-1 a)

附录 C 新增安全防护设施设计示例

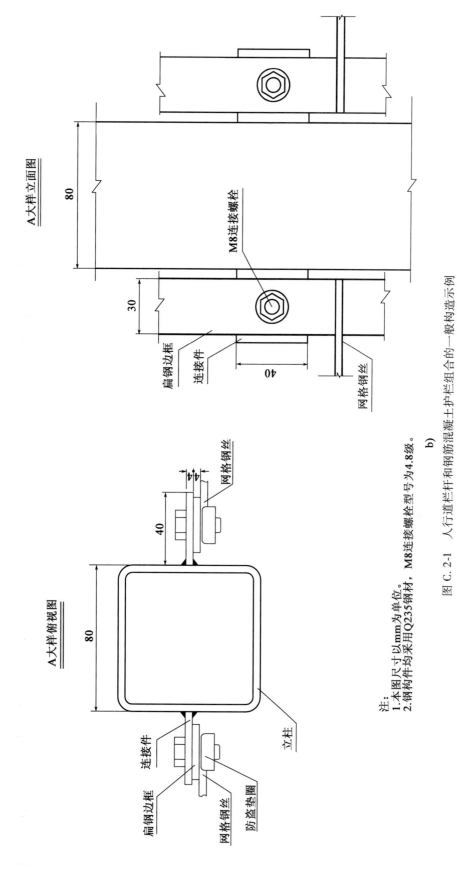

注：
1. 本图尺寸以 mm 为单位。
2. 钢构件均采用 Q235 钢材，M8 连接螺栓型号为 4.8 级。

b)

图 C.2-1 人行道栏杆和钢筋混凝土护栏组合的一般构造示例

— 65 —

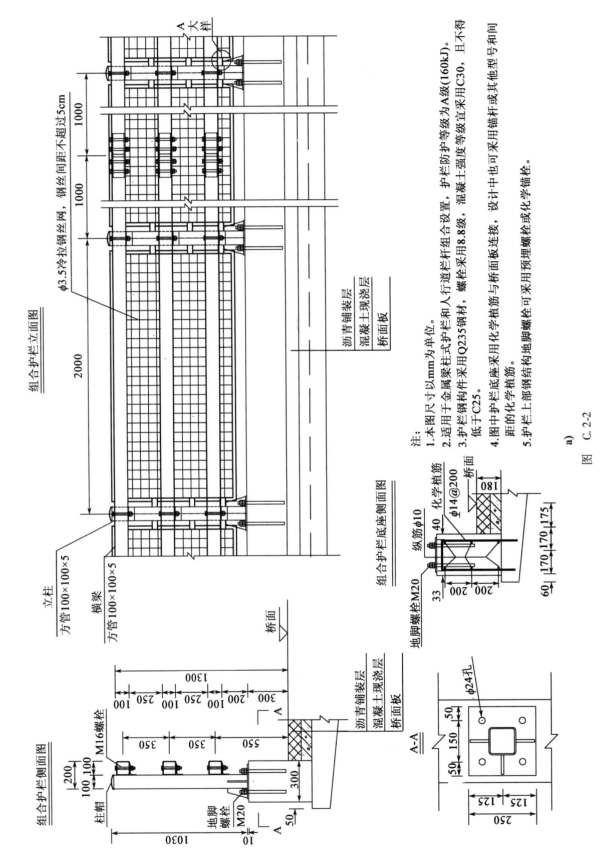

图 C.2-2

附录C 新增安全防护设施设计示例

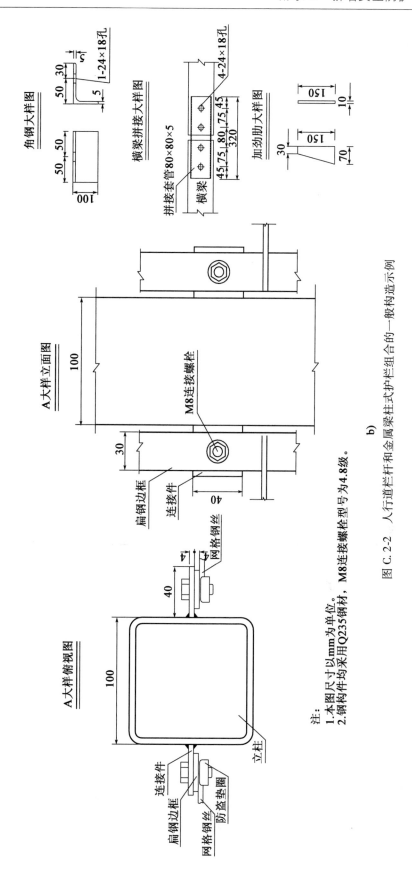

b)

图 C.2-2 人行道栏杆和金属梁柱式护栏组合的一般构造示例

注:
1. 本图尺寸以mm为单位。
2. 钢构件均采用Q235钢材,M8连接螺栓型号为4.8级。

— 67 —

C.3 未设置护栏的桥梁安全防护能力提升方案示例

C.3.1 悬挑式人行道桥梁提升方案示例

某三级公路，简支 T 形梁桥，跨越河流，桥梁宽度 0.25m + 0.75m + 7m + 0.75m + 0.25m，栏杆高度 1m，底宽 0.25m，人行道纵梁高度 18.8cm，宽度 15cm，如图 C.3.1-1 所示。

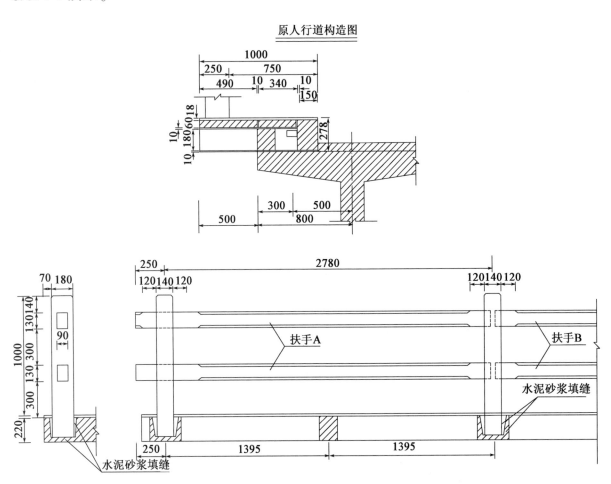

图 C.3.1-1 桥梁主体结构、桥面布置以及安全防护设施现状(尺寸单位：mm)

桥梁路段为三级公路，车辆驶出桥外的事故严重程度等级为"中"，应设置 B 级桥梁护栏。

原有桥面布置的人行道和行车道宽度不具备设置护栏条件，可外移人行道，下方设托梁或斜撑，人行道外侧设栏杆。桥梁主体结构为简支 T 形梁桥，选择对翼缘板承载能力要求较低的金属梁柱式护栏，护栏混凝土底座采用原有人行道纵梁竖向连接钢筋。人行道和护栏提升方案如图 C.3.1-2 所示。

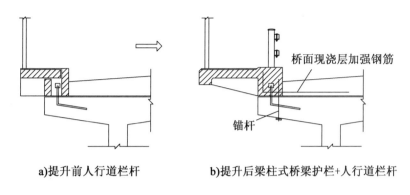

图 C.3.1-2 人行道和护栏提升方案

C.3.2 非悬挑式人行道桥梁提升方案示例

某二级公路，设计速度为40km/h，桥梁上部结构为5×20m预应力混凝土简支空心板桥。桥面连续，上设10cm厚C40现浇桥面混凝土，7.5cm厚沥青混凝土桥面铺装。桥梁宽度0.25m+1m+7m+1m+0.25m，如图C.3.2-1所示。

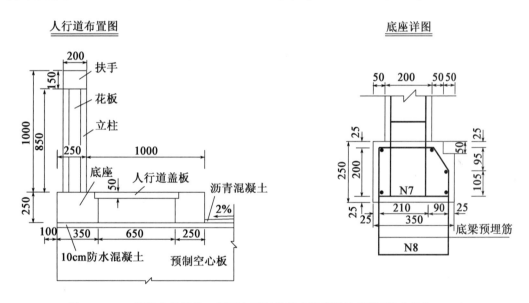

图 C.3.2-1 桥梁主体结构、桥面布置以及安全防护设施现状(尺寸单位：mm)

桥梁路段为设计速度为40km/h的二级公路，车辆驶出桥外的事故严重程度等级为"中"，应设置B级桥梁护栏。该路段符合需要提高护栏防护等级的桥梁高度、线形、交通组成等有关规定，护栏防护等级宜达到A级。

桥面板的承载能力满足设置混凝土护栏的自重及碰撞荷载受力要求，可选择混凝土护栏进行提升。考虑该桥梁的设计速度不大于60km/h，人行道的宽度有限，可采用满足车辆防护和行人通行需求的组合护栏。原有人行道栏杆底座宽度35cm，能够满足设置A级单坡形混凝土护栏的宽度要求。提升方案如图C.3.2-2所示。

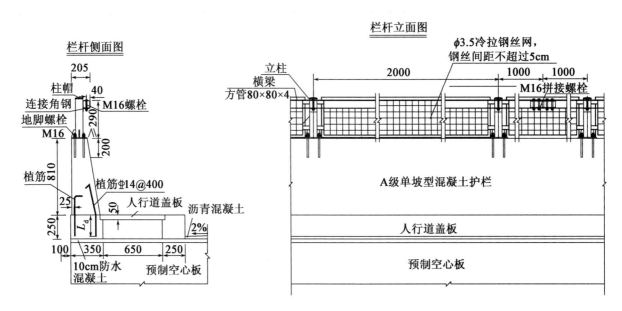

图 C.3.2-2 提升后混凝土护栏与人行道栏杆组合示意图(尺寸单位:mm)

C.3.3 石拱桥提升方案示例

某石拱桥,拆除原有桥梁栏杆,增设 A 级桥梁护栏,如图 C.3.3 所示。

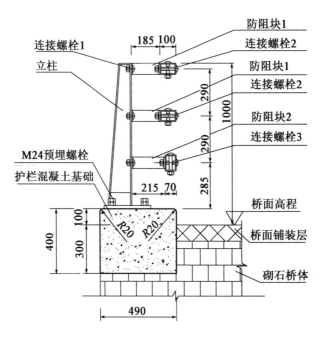

图 C.3.3 石拱桥增设护栏结构示意图(尺寸单位:mm)

附录 D 在役桥梁安全防护能力提升方案示例

D.1 已设置混凝土护栏或组合式护栏的桥梁

D.1.1 高度不足的混凝土护栏提升设计方案

F型混凝土护栏或单坡型混凝土护栏高度不足时，可在混凝土顶面植筋，以直墙型加高混凝土护栏，使提升混凝土护栏总高度符合所需设置防护等级的高度要求。以单坡型混凝土护栏为例，加高方案如图 D.1.1 所示。

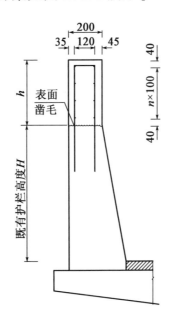

图 D.1.1 单坡型混凝土护栏加高方案

(尺寸单位：mm)

D.1.2 组合式桥梁护栏提升至现行标准 SS 级混凝土护栏

某桥梁参照《高速公路交通安全设施设计及施工技术规范》(JTJ 074—94)规范设置组合式护栏，混凝土部分高度为 63.5cm，如图 D.1.2a)所示。

保持护栏的混凝土部分不变,拆除上部钢构件,在混凝土基础顶面植筋,以直墙型加高混凝土护栏,总高度达到110cm,如图D.1.2b)所示。

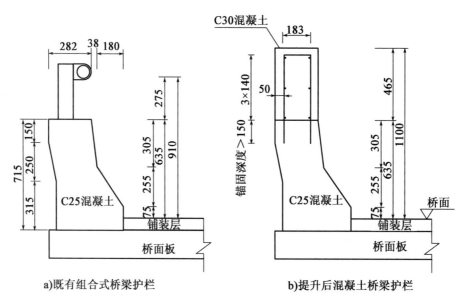

图 D.1.2 组合式桥梁护栏提升至现行标准 SS 级混凝土护栏

(尺寸单位:mm)

D.1.3 94版规范组合式桥梁护栏提升至现行标准 SB 级组合式护栏

94版规范设计的 $Cm\text{-}PL_2(PL_3)\text{-}R$ 型组合式护栏包括下部钢筋混凝土和上部钢构件,混凝土部分高度为68.5cm,上部横梁中心距离路面的高度为98.5cm,如图D.1.3a)所示。

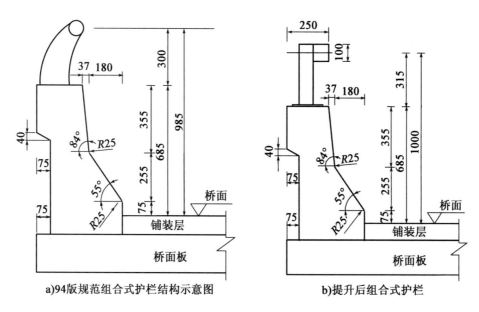

图 D.1.3 94版规范组合式护栏提升至现行标准 SB 级组合式护栏(尺寸单位:mm)

保持混凝土部分不变，拆除上部结构，在混凝土顶部设置钢立柱和矩形横梁结构，上部横梁中心距离路面高度为 1m，立柱间距为 1m。提升方案如图 D.1.3b) 所示。

D.1.4 组合式桥梁护栏提升至现行标准 SS 级组合式护栏

原桥面板承载能力较低时，参照原 94 版规范设计的 Cm-PL$_2$(PL$_3$)-R 型组合式桥梁护栏结构，如图 D.1.4a) 所示。

保持护栏的混凝土部分不变，拆除上部钢构件，在混凝土顶部设置自重较轻的铝合金梁柱结构，总高度达到 1335mm，如图 D.1.4b) 所示。

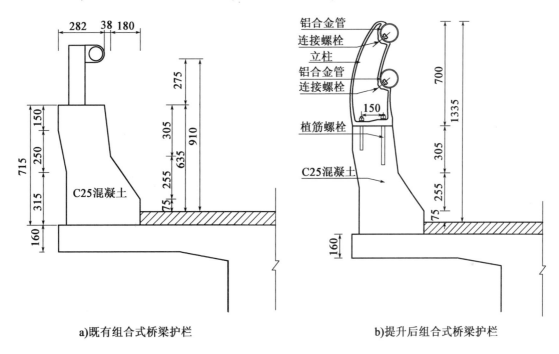

a) 既有组合式桥梁护栏　　　　　　　　b) 提升后组合式桥梁护栏

图 D.1.4　组合式桥梁护栏提升至现行标准 SS 级组合式护栏(尺寸单位：mm)

D.2 已设置波形梁护栏的桥梁

D.2.1 中央分隔带波形梁护栏提升至满足现行标准 SB 级波形梁护栏

桥梁中央分隔带波形梁护栏依据 94 版规范或 2006 版规范进行设计，一般由 ϕ114 或 ϕ140 立柱、托架或防阻块、波形梁板、螺栓等构成。立柱通过法兰连接在桥梁翼缘板上，立柱间距为 2m，波形梁板中心距离路缘石顶面的高度为 60cm。既有桥梁中央分隔带波形梁护栏结构如图 D.2.1-1 所示。

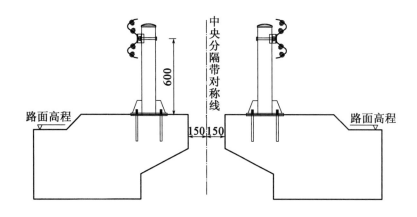

图 D.2.1-1 既有中央分隔带波形梁桥梁护栏结构示意图(尺寸单位：mm)

拆除原有桥梁中央分隔带波形梁护栏的护栏板和托架，保留法兰立柱，并在原有立柱上安装增高套管、改进型防阻块和三波形梁钢护栏板。SB 级提升方案如图 D.2.1-2 所示。

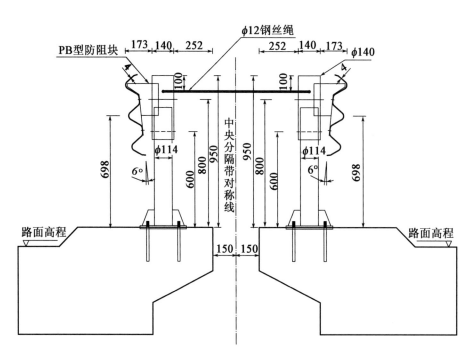

图 D.2.1-2 提升后中央分隔带波形梁护栏结构示意图(尺寸单位：mm)

D.2.2 桥梁路侧波形梁护栏提升至现行标准 SB 级双层双波护栏

桥梁路侧波形梁护栏依据 94 版规范或 2006 版规范进行设计，由 $\phi140$ 立柱、托架或防阻块、波形梁板、螺栓等组成。立柱通过法兰连接在桥梁翼缘板上，立柱间距为 2m，波形梁板中心距离路缘石顶面的高度为 60cm。既有桥梁路侧波形梁护栏结构如图 D.2.2-1 所示。

附录 D 在役桥梁安全防护能力提升方案示例

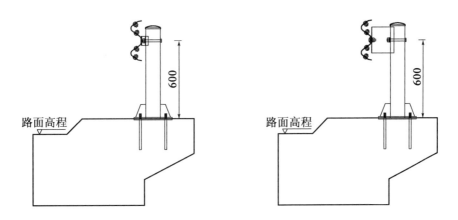

图 D.2.2-1 既有桥梁路侧波形梁护栏结构示意图(尺寸单位：mm)

拆除原有波形梁板、防阻块或托架，保留法兰立柱，并在原有立柱上安装增高套管、防阻块和双层双波护栏板。SB 级升级提升方案如图 D.2.2-2 所示。

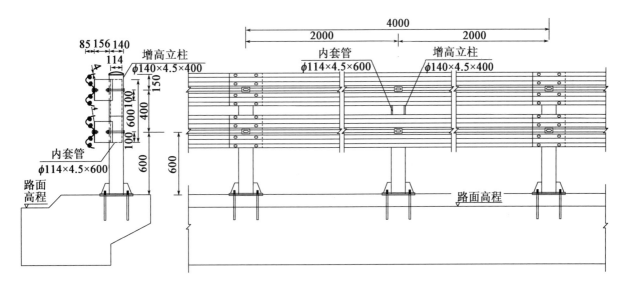

图 D.2.2-2 提升后桥梁路侧波形梁护栏结构示意图(尺寸单位：mm)

附 提升公路桥梁安全防护和连续长陡下坡路段安全通行能力专项行动方案

一、行动目的

完善在役公路桥梁防护设施，提升公路桥梁通行防护能力，降低车辆冲破桥梁护栏坠落的安全风险。全面把握现有公路连续长陡下坡路段运营安全现状，深入辨识主要风险类型和风险致因，科学评估运营安全风险等级，分类处治，采取措施，提升现有公路连续长陡下坡路段运营安全水平，达到风险可控、防范有效、运行高效的目标。

二、行动任务

（一）对照标准，全面排查。

按照交通运输部2018年11月13日印发的《关于进一步提升公路安全保障水平的通知》（交公路函〔2018〕764号）要求，对照《公路桥涵设计通用规范》（JTG D60—2015）、《公路交通安全设施设计规范》（JTG D81—2017）、《公路路线设计规范》（JTG D20—2017）、《公路安全生命防护工程实施技术指南（试行）》（交办公路〔2015〕26号，以下简称《技术指南》）等相关标准规范和技术指南，结合交通事故形态和事故伤亡情况等，对在役高速公路、普通国省干线、农村公路的桥梁防护设施和连续长陡下坡路段进行全面排查，对不符合现行规范要求的，建立基础数据库。

（二）深入分析，系统评估。

对于排查出的不符合现行标准规范的公路桥梁安全防护设施和连续长陡下坡路段，要结合桥梁结构、路线指标、交通工程设施设置、交通运行情况和交通事故特点等，组织开展运行安全风险评估工作。参照《技术指南》、《公路项目安全性评价规范》（JTG B05—2015）有关方法，从线形指标、交通工程设施、车辆组成、交通流特征、路域环境、气候条件、路况水平、运营管理等方面辨识存在的主要运行安全风险类型和致因，评估安全风险等级，研究处治措施，建立处治台账，确定处治重点。

（三）科学施策，有序实施。

对排查、评估结果和处治台账进行深入分析，结合现有专项工作，分轻重缓急，分不同处治措施制定整治方案，确定整治目标和任务，有序开展整治工作，逐步提升公路桥梁防护设施和连续长陡下坡路段安全保障能力。

三、行动措施

（一）加强组织领导。部将成立专项行动工作组，负责总体工作的指导协调。各省级交通运输主管部门要按照本通知要求，成立由分管领导负责的领导小组，分解落实工作任务，细化工作措施，精心组织有关单位共同推动工作有序开展，及时协调解决过程中的问题。

（二）加强技术指导。公路桥梁防护设施设置、公路连续长陡下坡路段安全风险的排查辨识、评估处治需要具有专业技术能力的机构，多个专业综合、多个部门协作完成。为保证工作实效，部委托部公路科学研究院、中交第一公路勘察设计院有限公司作为技术支持单位，加强技术指导，提供技术支撑。各省级交通运输主管部门也要委托相关技术单位，加强技术指导。技术支持单位要深入现场，积极配合各级交通运输主管部门、公路管理机构和收费公路运营管理单位，及时研究解决重大技术问题。

（三）强化督导检查。各省级交通运输主管部门要建立工作任务台账，注重加强工作进度督查和工作效果评估总结。建立工作动态和信息跟踪报送制度，确定工作联络员，于2018年12月20日前将排查情况、2019年5月底前将评估结果和处治台账报部公路局。部将根据各地工作实时进展，研究落实资金，适时组织技术支持单位开展督导检查，强化动态跟踪和技术指导，确保工作任务落实到位。

四、行动要求

（一）2018年12月底前，组织开展公路桥梁护栏和连续长陡下坡路段运行状况的全面排查，建立基础数据台账。

（二）2019年5月底前，各地组织专业技术力量对排查台账逐一进行辨识评估，研究处治措施，提出处治时序，估算资金需求，建立处治台账，明确处治重点。

（三）部根据全国排查、评估结果，研究提出全国整治方案，确定完成时限，明确整治目标和任务。各地根据部的总体部署和要求，制定并下发本地区工作方案，明确目标任务，细化责任分工，建立工作机制，确保整治工作顺利完成。

公路工程现行标准规范一览表

(2019 年 3 月)

序号	类别	编号	书名(书号)	定价(元)
1	基础	JTG 1001—2017	公路工程标准体系(14300)	20.00
2		JTG A02—2013	公路工程行业标准制修订管理导则(10544)	15.00
3		JTG A04—2013	公路工程标准编写导则(10538)	20.00
4		JTJ 002—87	公路工程名词术语(0346)	22.00
5		JTG B01—2014	★公路工程技术标准(活页夹版,11814)	98.00
6		JTG B01—2014	★公路工程技术标准(平装版,11829)	68.00
7		JTG 2111—2019	小交通量农村公路工程技术标准(15372)	50.00
8		JTG B02—2013	公路工程抗震规范(11120)	45.00
9		JTG/T B02-01—2008	公路桥梁抗震设计细则(13318)	45.00
10		JTG B03—2006	公路建设项目环境影响评价规范(13373)	40.00
11		JTG B04—2010	公路环境保护设计规范(08473)	28.00
12		JTG B05—2015	★公路项目安全性评价规范(12806)	45.00
13		JTG B05-01—2013	公路护栏安全性能评价标准(10992)	30.00
14		JTG/T B07-01—2006	公路工程混凝土结构防腐蚀技术规范(13592)	30.00
15		JTG/T 6303.1—2017	收费公路移动支付技术规范 第一册 停车移动支付(14380)	20.00
16		JTG B10-01—2014	公路电子不停车收费联网运营和服务规范(11566)	30.00
17		交通运输部 2011 年	公路工程项目建设用地指标(09402)	36.00
18	勘测	JTG C10—2007	★公路勘测规范(06570)	40.00
19		JTG/T C10—2007	★公路勘测细则(06572)	42.00
20		JTG C20—2011	公路工程地质勘察规范(09507)	65.00
21		JTG/T C21-01—2005	公路工程地质遥感勘察规范(0839)	17.00
22		JTG/T C21-02—2014	公路工程卫星图像测绘技术规程(11540)	25.00
23		JTG/T C22—2009	公路工程物探规程(1311)	28.00
24		JTG C30—2015	★公路工程水文勘测设计规范(12063)	70.00
25	设计	公路	JTG D20—2017	★公路路线设计规范(14301)	80.00
26			JTG/T D21—2014	公路立体交叉设计细则(11761)	60.00
27			JTG D30—2015	★公路路基设计规范(12147)	98.00
28			JTG/T D31—2008	沙漠地区公路设计与施工指南(1206)	32.00
29			JTG/T D31-02—2013	★公路软土地基路堤设计与施工技术细则(10449)	40.00
30			JTG/T D31-03—2011	★采空区公路设计与施工技术细则(09181)	40.00
31			JTG/T D31-04—2012	多年冻土地区公路设计与施工技术细则(10260)	40.00
32			JTG/T D31-05—2017	黄土地区公路路基设计与施工技术规范(13994)	50.00
33			JTG/T D31-06—2017	季节性冻土地区公路设计与施工技术规范(13981)	45.00
34			JTG/T D32—2012	★公路土工合成材料应用技术规范(09908)	50.00
35			JTG/T 3334—2018	公路滑坡防治设计规范(15178)	55.00
36			JTG D40—2011	★公路水泥混凝土路面设计规范(09463)	40.00
37			JTG D50—2017	★公路沥青路面设计规范(13760)	50.00
38			JTG/T D33—2012	公路排水设计规范(10337)	40.00
39		桥隧	JTG D60—2015	★公路桥涵设计通用规范(12506)	40.00
40			JTG/T 3360-01—2018	公路桥梁抗风设计规范(15231)	75.00
41			JTG/T 3360-03—2018	公路桥梁景观设计规范(14540)	40.00
42			JTG D61—2005	公路圬工桥涵设计规范(13355)	30.00
43			JTG 3362—2018	★公路钢筋混凝土及预应力混凝土桥涵设计规范(14951)	90.00
44			JTG D63—2007	公路桥涵地基与基础设计规范(06892)	48.00
45			JTG D64—2015	★公路钢结构桥梁设计规范(12507)	80.00
46			JTG D64-01—2015	公路钢混组合桥梁设计与施工规范(12682)	45.00
47			JTG/T D65-01—2007	公路斜拉桥设计细则(1125)	28.00
48			JTG/T D65-04—2007	公路涵洞设计细则(06628)	26.00
49			JTG/T D65-05—2015	公路悬索桥设计规范(12674)	55.00
50			JTG/T D65-06—2015	公路钢管混凝土拱桥设计规范(12514)	40.00
51			JTG 3370.1—2018	公路隧道设计规范 第一册 土建工程(14639)	110.00
52			JTG/T D70—2010	★公路隧道设计细则(08478)	66.00
53			JTG D70/2—2014	公路隧道设计规范 第二册 交通工程与附属设施(11543)	50.00
54			JTG/T D70/2-01—2014	公路隧道照明设计细则(11541)	35.00
55			JTG/T D70/2-02—2014	公路隧道通风设计细则(11546)	70.00
56		交通工程	JTG D80—2006	高速公路交通工程及沿线设施设计通用规范(0998)	25.00
57			JTG D81—2017	公路交通安全设施设计规范(14395)	60.00

续上表

序号	类别	编号	书名(书号)	定价(元)
58	设计 交通工程	JTG/T D81—2017	公路交通安全设施设计细则(14396)	90.00
59		JTG D82—2009	公路交通标志和标线设置规范(07947)	116.00
60	综合	交办公路〔2017〕167号	国家公路网交通标志调整工作技术指南(14379)	80.00
61		交公路发〔2007〕358号	公路工程基本建设项目设计文件编制办法(06746)	26.00
62		交公路发〔2015〕69号	公路工程特殊结构桥梁项目设计文件编制办法(12455)	30.00
63	检测	JTG E20—2011	公路工程沥青及沥青混合料试验规程(09468)	106.00
64		JTG E30—2005	公路工程水泥及水泥混凝土试验规程(13319)	55.00
65		JTG E40—2007	★公路土工试验规程(06794)	90.00
66		JTG E41—2005	公路工程岩石试验规程(13351)	30.00
67		JTG E42—2005	公路工程集料试验规程(13353)	50.00
68		JTG E50—2006	★公路工程土工合成材料试验规程(13398)	40.00
69		JTG E51—2009	公路工程无机结合料稳定材料试验规程(08046)	60.00
70		JTG E60—2008	公路路基路面现场测试规程(07296)	50.00
71		JTG/T E61—2014	公路路面技术状况自动化检测规程(11830)	25.00
72	施工 公路	JTG F10—2006	公路路基施工技术规范(06221)	50.00
73		JTG/T F20—2015	★公路路面基层施工技术细则(12367)	45.00
74		JTG/T F30—2014	公路水泥混凝土路面施工技术细则(11244)	60.00
75		JTG/T F31—2014	公路水泥混凝土路面再生利用技术细则(11360)	30.00
76		JTG F40—2004	★公路沥青路面施工技术规范(05328)	50.00
77		JTG F41—2008	公路沥青路面再生技术规范(07105)	40.00
78	桥隧	JTG/T F50—2011	★公路桥涵施工技术规范(09224)	110.00
79		JTG/T F81-01—2004	公路工程基桩动测技术规程(14068)	30.00
80		JTG F60—2009	公路隧道施工技术规范(07992)	55.00
81		JTG/T F60—2009	公路隧道施工技术细则(07991)	70.00
82	交通	JTG F71—2006	★公路交通安全设施施工技术规范(13397)	30.00
83		JTG/T F72—2011	公路隧道交通工程与附属设施施工技术规范(09509)	35.00
84	质检安全	JTG F80/1—2017	公路工程质量检验评定标准 第一册 土建工程(14472)	90.00
85		JTG F80/2—2004	公路工程质量检验评定标准 第二册 机电工程(05325)	40.00
86		JTG G10—2016	公路工程施工监理规范(13275)	40.00
87		JTG F90—2015	★公路工程施工安全技术规范(12138)	68.00
88	养护管理	JTG H10—2009	公路养护技术规范(08071)	60.00
89		JTJ 073.1—2001	公路水泥混凝土路面养护技术规范(13658)	20.00
90		JTJ 073.2—2001	公路沥青路面养护技术规范(13677)	20.00
91		JTG H11—2004	公路桥涵养护规范(05025)	40.00
92		JTG H12—2015	公路隧道养护技术规范(12062)	60.00
93		JTG 5210—2018	公路技术状况评定标准(15202)	40.00
94		JTG 5421—2018	公路沥青路面养护设计规范(15201)	40.00
95		JTG/T H21—2011	★公路桥梁技术状况评定标准(09324)	46.00
96		JTG H30—2015	公路养护安全作业规程(12234)	90.00
97	加固设计与施工	JTG/T J21—2011	公路桥梁承载能力检测评定规程(09480)	20.00
98		JTG/T J21-01—2015	公路桥梁荷载试验规程(12751)	40.00
99		JTG/T J22—2008	公路桥梁加固设计规范(07380)	52.00
100		JTG/T J23—2008	公路桥梁加固施工技术规范(07378)	40.00
101		JTG/T 5440—2018	公路隧道加固技术规范	70.00
102	改扩建	JTG/T L11—2014	高速公路改扩建设计细则(11998)	45.00
103		JTG/T L80—2014	高速公路改扩建交通工程及沿线设施设计细则(11999)	30.00
104	造价	JTG 3810—2017	公路工程建设项目造价文件管理导则(14473)	50.00
105		JTG 3820—2018	公路工程建设项目投资估算编制办法(14362)	60.00
106		JTG/T 3821—2018	公路工程估算指标(14363)	120.00
107		JTG 3830—2018	公路工程建设项目概算预算编制办法(14364)	60.00
108		JTG/T 3831—2018	公路工程概算定额(14365)	270.00
109		JTG/T 3832—2018	公路工程预算定额(14366)	300.00
110		JTG/T 3833—2018	公路工程机械台班费用定额(14367)	50.00
111		JTG/T M72-01—2017	公路隧道养护工程预算定额(14189)	60.00
1	指南	交公便字〔2009〕145号	公路交通标志和标线设置手册(07990)	165.00

注:JTG——公路工程行业标准体系;JTG/T——公路工程行业推荐性标准体系;JTJ——仍在执行的公路工程原行业标准体系。
批发业务电话:010-59757973;零售业务电话:010-85285659(北京);网上书店电话:010-85285908;业务咨询电话:010-85285922。